KAWADE
夢文庫

京急
最新の凄い話

小林拓矢

河出書房新社

「我が道を行く」鉄道会社の魅力が満載!◉はじめに

鉄道ファンのあいだでは、つねに京急電鉄（正式社名は京浜急行電鉄）に対して並々ならぬ関心が寄せられている。有料特急こそないが、独自の運行パターンや車両、走りへの「こだわり」がファンの興味を惹《ひ》きつけているからだ。

沿線住民も同様である。京急の安定した運行に強い信頼が寄せられ、歴史ある赤い色の車両や快適な車内環境が、鉄道そのものへの愛を育てているように感じる。「京急は凄い」と、よくいわれる。なぜ凄いのか、どのように凄いのか。本書は路線、車両、駅、サービス……とキーワードごとに、最新情報を盛りこみながら読み解いてみた。

読者の皆さまには、本書を読むだけでなく、ぜひとも実際に京急に乗ってみて、その凄さを体感していただきたい。乗れば乗るほど、新たな発見があるのも京急の魅力だといえる。

本書の執筆にあたっては、これまで各ニュースサイトにて執筆した京急電鉄についての取材内容を大いに参考にした。ご協力くださった皆さまに、この場を借りて御礼申し上げたい。

小林拓矢

京急 最新の凄い話●もくじ

① 路線の凄い話

思いがけない発見が次々に！

② こだわりの名車が勢ぞろい! 車両の凄い話

③ 運行ダイヤの凄い話

大胆アイデアと独創性に驚愕！

④

駅の凄い話

行って、見て、確かめたくなる！

⑤ 歴史の凄い話
ファンも知らない事実を発掘！

⑥ 時代とともに進化し続ける！ サービスの凄い話

⑦ 沿線住民から溺愛される！ 京急グループの凄い話

カバー写真●tarousite／PIXTA
本文写真●PIXTA／photolibrary
図版作成●原田弘和

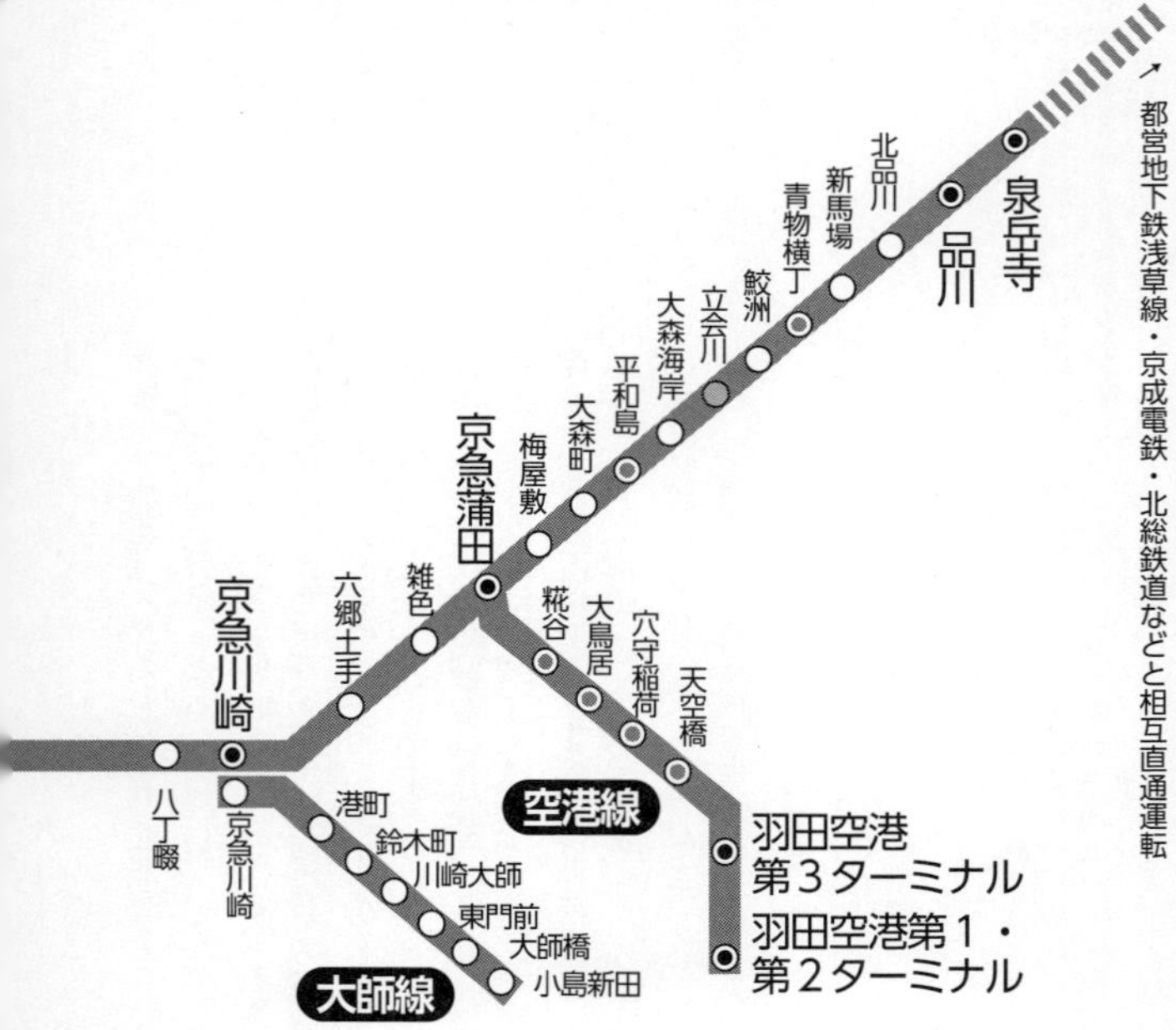

本線	泉岳寺ー浦賀	56.7 km
空港線	京急蒲田ー羽田空港第１・第２ターミナル	6.5 km
大師線	京急川崎ー小島新田	4.5 km
逗子線	金沢八景ー逗子・葉山	5.9 km
久里浜線	堀ノ内ー三崎口	13.4 km
合計		87.0 km

京浜急行電鉄　路線図

◉ 快特・エアポート快特　停車駅
※エアポート快特は京急蒲田には停車せず
◉ 特急　停車駅
● 急行　停車駅
○ 普通　停車駅

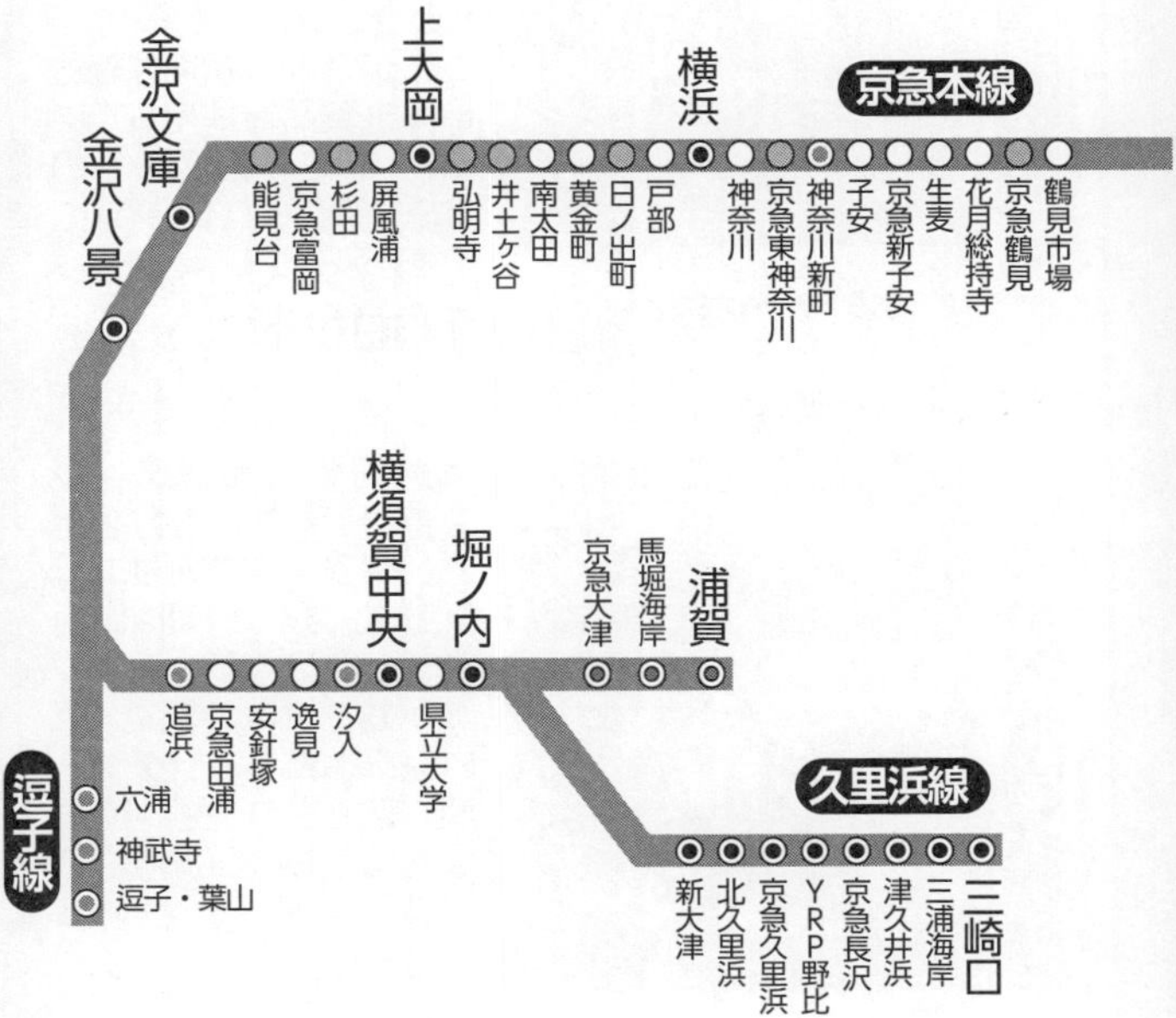

京急線を走る「赤い車両」たち❶

1000形(アルミ車)

デビュー:2002年

旧1000形の後継車両として登場。2100形をベースとした片側3扉車で、都営地下鉄浅草線、京成線、北総線への乗り入れが可能。車内はロングシートとクロスシートの併用となっている。初期は機器に海外製品を採用していたが、現在は国産のものに置き換えられている。

1000形(ステンレス車)

デビュー:2007年

京急初の軽量ステンレス車両。現在の主力を担い、22次車までバリエーションがある。初期は側面に赤と白のカラーフィルムが貼り付けられた。車内は車端部もロングシートに変更され、主要機器は国産のものが採用されている。

1000形（1800番台）

デビュー：2016年

主要機器は従来の1000形ステンレス車と同じだが、先頭車前面の貫通扉が車体中央に移設され、貫通路として使用できるように。側面には幅広の赤と白のカラーフィルムが貼り付けられ、イメージが一新された。

1000形（1890番台）

デビュー：2021年

愛称は「Le Ciel」（ル・シエル）。従来車から大幅な設計変更が行なわれ、車体構造にsustinaプラットフォームを初採用した。座席指定列車やイベント列車にも対応しており、中間車2両には京急初の車内トイレも設置された。

京急線を走る「赤い車両」たち❷

1000形(1500番台)

デビュー:2023年

1000形22次車として登場した、現在における京急の最新車両。随所に1890番台「Le Ciel」の特徴が取り入れられている。6両編成は1500番台、8両編成は1700番台が付番されている。

2100形

デビュー:1998年

おもにウィング号と快特に使用される、京急のフラッグシップ。自動で一斉転換するクロスシートを採用し、高い居住性を有する。8両編成10本(80両)が在籍。

600形

デビュー：1994年

都営地下鉄浅草線、京成線、北総線への乗り入れを考慮した車両。製造当初は、地下鉄対応車両としては珍しい3扉オールクロスシートが採用されたが、混雑時の乗降をスムーズにするため、ロングシートへの改造工事が実施された。

1500形(VVVF制御車)

デビュー：1990年

京急で初めて交流モーターを用いたVVVF制御方式を採用。省エネルギー、省メンテナンス車両としても画期的な存在だった。現在、赤い車体に白い細帯の塗装は、この形式のみ。

京急電鉄 駅別1日平均乗降人員ランキング(2023年度)

順位	駅名	路線名	乗降人員(人)
1	横浜	本線	293,173
2	品川	本線	233,916
3	上大岡	本線	126,210
4	京急川崎	本線	119,655
5	羽田空港第1・第2ターミナル	空港線	101,471
6	京急蒲田	本線	59,288
7	金沢文庫	本線	59,257
8	横須賀中央	本線	59,039
9	金沢八景	本線	57,282
10	平和島	本線	42,038
11	追浜	本線	37,879
12	京急久里浜	久里浜線	37,754
13	青物横丁	本線	34,242
14	羽田空港第3ターミナル	空港線	32,528
15	杉田	本線	30,888
16	雑色	本線	29,756
17	能見台	本線	29,421
18	京急鶴見	本線	29,290
19	大鳥居	空港線	28,495
20	生麦	本線	27,651
21	糀谷	空港線	27,152
22	井土ヶ谷	本線	26,848
23	弘明寺	本線	26,632
24	日ノ出町	本線	25,849
25	北久里浜	久里浜線	22,913

※京急電鉄ホームページを参考に作成。泉岳寺駅は都営線乗り入れ旅客を含むため、カウントせず

1

思いがけない発見が次々に!

路線の凄い話

本線より支線のほうがメインルートに見える理由は？

京急電鉄品川駅のホームに立つと、列車が次々と発車していく様子を見ることができる。羽田空港へと向かう列車もあるが、その多くが京急久里浜行き、または三《み》崎口《さきぐち》行きの列車で、種別は「快特」「特急」である。

合間に「浦賀《うらが》」行きの普通列車が入ってくる。その様子を見ていると、「京急のメインルートは、京急久里浜や三崎口へと向かう路線だ」と感じる人もきっと多いことだろう。

ところが、横浜を経て、堀ノ内に到達すると、そこから浦賀へ向かう路線と京急久里浜や三崎口へ向かう路線に分かれる。このうち、浦賀へ向かうルートが本線なのだ。京急久里浜や三崎口に向かうルートは支線（久里浜線）である。

現在は、都心から浦賀へと向かう路線は普通列車が大多数であり、特急は平日朝に堀ノ内から浦賀までを走る区間列車と品川方面へ向かう上り列車、夜間に品川方面からの下り列車が走る程度だ。

つまり、堀ノ内から浦賀までは「本線」でありながら、まるで支線のような扱いとなっている。主要な列車は、久里浜線へと向かうのだ。

本線と久里浜線は堀ノ内駅で分岐する

このように、最末端では本線なのか支線なのかよくわからない状況になっているものの、泉岳寺《せんがくじ》・品川—堀ノ内間では、堂々たる本線である。

快特・特急・急行・普通といった各列車種別、「モーニング・ウィング号」「イブニング・ウィング号」といった座席指定列車は、すべて本線を走る。泉岳寺から京急蒲田までは「エアポート快特」も走っており、この種別は京急蒲田を通過後、空港線に入り、終点の羽田空港第1・第2ターミナルへと向かう。

さまざまな列車がどんどん行き

来する京急の本線は、見ているだけでも圧巻というほかない。多くの列車種別があり、主要駅では緩急接続《かんきゅうせつぞく》（普通列車と優等列車の接続）を行ない、駅によっては通過線を駆使《くし》して優等種別が追い抜いていく。快特や特急が前へ前へと進み、そのフォローを普通列車が担《にな》う。

品川—横浜間は最高時速120キロメートル運転となっており、その他の区間では90キロから110キロとなっている。品川—横浜以外の区間でも、110キロで走行できる区間は多く、その「走り」が多くの鉄道ファンを魅了する。

最高時速120キロの区間は、住宅街や工業地帯のなかをほぼ直線に近い状態で走行している。路面電車でもよいような感じのところで（実際にこの区間は大師電気鉄道という路面電車から進化していった）、8両編成の快特・特急が、あるいは朝ラッシュ時の上りは12両編成の優等列車が速達性の限りをつくす。いっぽうで、駅間距離の短い路線ゆえ、普通列車も機敏《きびん》な動きを見せる。

最高時速110キロの区間は、丘陵地をカーブを使いこなして進んでいく。この区間は湘南電気鉄道という、三浦半島に向かう私鉄を起源としている。この私鉄が地形に合わせて路線を敷き、現在では勾配《こうばい》と曲線が魅力的な走りを見せている。

主要駅が並んでいるのも、本線の特徴だ。品川、京急川崎、横浜、上大岡《かみおおおか》、金沢

各路線の最高速度

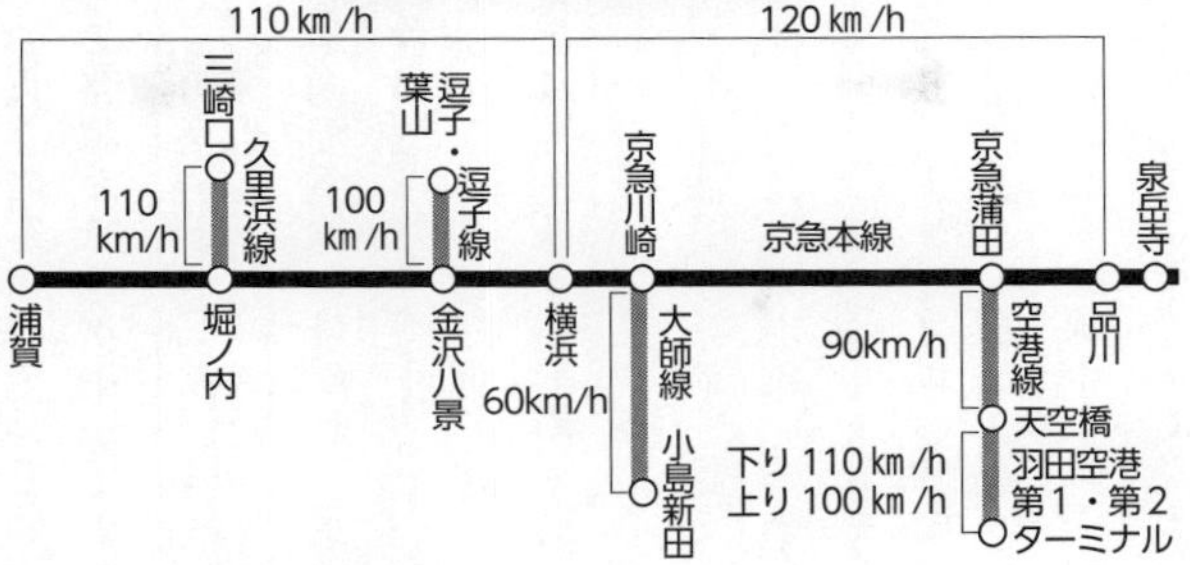

文庫と乗降客の多い駅が並び、ほかに主要な駅があるのは、空港線や久里浜線くらいではないかと感じさせる路線である。

京急の屋台骨《やたいぼね》は本線であり、会社としての起源こそは川崎大師の参詣《さんけい》を目的としたものであったが、現在は都市間輸送をメインとしたこの路線を中心として運行されている。その延長上に、京急久里浜や三崎口へ向かう久里浜線がある。

横須賀市の浦賀地区は人口4万1000人程度、久里浜地区は5万人程度となっている。三崎口駅のある三浦市の人口も4万人ほどである。浦賀よりも久里浜のほうが人口が多く、久里浜線が本線と同等の「格」となっていることも致し方ないといえるだろう。

また、京急久里浜からはバスを介して東京湾フェリーへと連絡することも可能で、久里浜線は房総方面への入り口となっている側面もある。浦賀方面への本線ができたのちに久里浜方面への路線ができ、やがてこちらがメインルートのようになっていったのだ。

久里浜線は「軍事路線」として誕生した

堀ノ内で本線と分かれ、京急久里浜へ、そして三崎口へと向かう久里浜線の誕生は1942（昭和17）年12月にまでさかのぼる。

1930年代、三浦半島では軍事施設の増強が進み、京急の前身の1つである湘南電気鉄道（163ページ参照）は久里浜への延伸を海軍や横須賀市から求められるようになった。

しかし、浦賀からの建設では、トンネル工事が必要になる。そのため急ピッチで建設するために、海軍の用地を借りることができ、整備もしやすい堀ノ内（当時は横須賀堀ノ内）で分岐するルートとなった。その後、湘南電気鉄道は京浜電気鉄道に統合され、1942年5月には東京急行電鉄と統合していく。

同年12月に、久里浜駅までが開業。翌1943（昭和18）年9月には、開業当時の仮駅から500メートル先に移転した、現在の京急久里浜駅の位置まで線路が延びた。

このように、久里浜線誕生の背景には太平洋戦争があった。軍事施設で働く人を運ぶために、鉄道がつくられたともいえる。湘南電気鉄道は地域振興や観光輸送などを目的として三浦半島の各方面に路線網をつくろうとしていたが、皮肉にも戦争のために路線が延びるということになってしまった。

太平洋戦争が終わり、「大東急」（167ページ参照）傘下《さんか》にあった私鉄は分離・独立していく。1948（昭和23）年6月、京浜急行電鉄として旧京浜電気鉄道の各路線が独立した。

京急はその後、軍事エリアから観光エリアに変わった三浦半島の開発に力を入れていく。1963（昭和38）年11月に京急久里浜―野比《のび》（現在のYRP野比）が開業し、1966（昭和41）年3月には野比―津久井浜《つくいはま》、同年7月に津久井浜―三浦海岸間が開業した。

これを機に京急は海水浴キャンペーンに力を入れ、レジャー施設として「京急油《あぶら》壺《つぼ》マリンパーク」の営業を1968（昭和43）年4月に開始。その後、1975（昭和50）年4月に三浦海岸から三崎口への延伸をなしとげる。

こうして延伸をくり返しながら、京急は地域振興や観光輸送、また宅地開発などの力になる路線をつくりあげた。京急久里浜より先は単線区間もあるが、将来的に複線化もできるような施設が設けられており、増強の余地を残している。
軍事路線として開業し、地域開発のために延伸をくり返した久里浜線。現在の京急路線網では中心的な役割を果たすようになっている。

京急の鉄路は三崎口から先にも延びるはずだった

三崎エリアの中心部に行くには、三崎口駅からバスに乗り換える必要がある。そのあたりの事情も加味《かみ》して、人気の「みさきまぐろきっぷ」では、バスの乗車券もセットに組みこまれている。

バスを利用した観光客のなかには、京急が三崎エリアの中心部にまで延びていたらもっと便利なのではと思う人もいるに違いない。なぜ、三崎までの延伸はかなわなかったのだろうか。

そもそも、現在の三崎口駅はその先も線路が延ばせそうな構造になっている。線路の先には車止めがあり、車止めの向こうに、線路がいつでも敷けそうなスペースがある。

実際、京急は湘南電気鉄道時代に三崎までの免許をすでに取得していた。１９２３（大正12）年8月には堀ノ内から三崎までの延伸計画があり、油壺マリンパークが開館すると、油壺までの延伸の機運も高まった。

しかし、油壺―三崎間の免許は、１９７０（昭和45）年に取り下げられている。用地買収の難航や小網代《こあじろ》地区の風致地区への指定があり、とりあえず三崎口まで延伸することになった。

油壺までの延伸計画はその後も難航した。周辺の開発と一体的に進める計画であったため、京急による本格的な開発は、三戸《みと》地区の農地造成工事が２００７（平成19）年度に完成するまで待つという状況になる。そこで京急は、２００５（平成17）年10月に三崎口から油壺までの免許を取り下げる。

京急は再度、事業許可申請を行なう

三崎口駅の車止め。線路は道路橋の少し先まで続いている

つもりだった。しかし、延伸予定の地域の沿線人口はすでに減少していた。京急は延伸と土地区画整理事業をもとにした宅地開発計画を凍結、2016(平成28)年3月に正式に断念した。油壺マリンパークも、2021(令和3)年9月に閉館となっている。

地図を見ると、京急が住宅開発を行なおうとしていたエリアは、自然が豊かな地であり、小網代地区の「小網代の森」を通らずに線路を敷くことはできないことがわかる。また、かつて三崎町だった現在の三浦市南西部は中心部に人口が密集しており、ここに線路を通すのは難しいことも容易に想定できる。

湘南電気鉄道が免許を申請した時代ならともかく、市内の住宅街が完成し、自然環境保全への意識も高まっていた状況のなかでは、延伸は困難だった。さらに、都心から離れた地域の宅地開発が落ち着いた現在は、延伸する理由そのものがなくなってしまった。それゆえに、三崎エリアには三崎口からバスで向かうという状況が今後も続く。幸い、駅前からは多くのバスが出ている。

「三崎口」という駅名(とくに「口」)から、この駅の先に線路が延びそうな感じがするのは、過去の延伸計画の証明であるといえる。

京急はなぜ「カーブ」と「トンネル」がやたらと多い？

品川から京急の列車に乗り、前面展望を眺《なが》めていると、カーブやトンネルがやたらと多い印象を受ける。横浜までは比較的まっすぐに走るものの、横浜から先は曲線が多く、トンネルにもしばしば入っていく。

これは、三浦半島が起伏《きふく》の激しい地形であるためだ。山がちな場所を効率よく結ぶため、カーブとトンネルをうまく使いこなして線路を敷いたのである。

三浦半島は太平洋プレート上に積もった堆積物《たいせきぶつ》に由来し、それが海面に隆起《りゅうき》して形成された。それゆえに山脈のように高いところはないものの、アップダウンの激しい地形となっており、もともと鉄道敷設《ふせつ》にはやっかいな場所だった。

さらにいえば、三浦半島は港町で栄えている地域が多かった。幕末には横須賀に造船所が建設され、明治維新後には海軍関係の施設も集まったが、地域内の移動は海路頼りであった。

道路を建設し、乗合《のりあい》馬車を運行する動きも見られたが、画期的だったのはやはり鉄道である。1889（明治22）年6月に大船から横須賀まで、現在のJR横須賀線が開業した。だが、横須賀から先の延伸は工費の問題があり、進まなかった。

また、三浦半島は「東京湾要塞地帯」に指定されていたほど、軍事的にも重要な場所だった。軍の施設があるからというだけでなく、複雑な地形ゆえに国防の拠点としてふさわしかったのだろう。当然ながら、そんな地域での鉄道敷設はさまざまな条件が課される。

以上のような要因で、三浦半島は陸上交通の整備がうまくいかなかった。民間による鉄道建設の計画も何度もあったが、実現することはなかった。道路計画さえも困難で、東京方面から船便も出ていたほどだ。

そんななか、湘南電気鉄道が１９２３（大正12）年8月に三浦半島をほぼ一周するルートの免許を取得する。だが直後に関東大震災が起こり、工事は進まなかった。工事の際には沿線が丘陵《きゅうりょう》地帯だったため、トンネルを多くつくる必要があった。そのトンネルを効率よく結ぶため、カーブも多く見られるようになる。湘南電気鉄道が浦賀まで、あるいは湘南逗子《ずし》（現在の逗子・葉山）まで開業できたのは、１９３０（昭和5）年4月のことだ。

このように、もともと起伏の激しい地域であったこと、そして戦前は軍事的に重要な地域であったことから、鉄道はカーブとトンネルを使いこなしながら建設せざるをえなかったのだ。見方を変えれば、それがかえって、現在の京急の魅力的な「走り」を生み出しているともいえる。

逗子線は、じつは逗子・葉山で終わる路線ではなかった

京急には金沢八景で本線と分岐し、逗子・葉山へと向かう逗子線がある。この路線は京急の前身の1つである湘南電気鉄道が、金沢八景（当時は六浦荘《むつうらしょう》）から湘南逗子（現在の逗子・葉山）までを1930（昭和5）年4月に開業させたものだ。

先にも触《ふ》れたとおり、湘南電気鉄道は三浦半島を一周するという壮大な構想だった。横浜から浦賀までの路線だけでなく、鎌倉や逗子なども営業エリア内に入れながら、久里浜や三崎にも線路を延ばすという計画を持っていたのだ。

その第一歩として、逗子方面に路線を延ばしたのである。しかし、開業後の経営状況は厳しく、逗子線はそれ以上延伸することはなかった。

現在の逗子線は、三浦半島を東西に横断する路線となっている。三浦半島は南北に長く、東西が短い。逗子・葉山近くには鎌倉という観光地であり、高級住宅地でもある地域や、葉山町という風光明媚《ふうこうめいび》なリゾート地もある。そのような地域、とくに鉄道のない葉山町からバスで人がやってきて、京急で横浜市内や都心、羽田空港へ向かうのが逗子線だ。

逗子線は、急行と普通列車を中心とする。急行は羽田空港第1・第2ターミナルに向かう列車が多く、普通列車は金沢文庫から逗子・葉山までの区間列車が中心だ。逗子線の起点は金沢八景だが、区間列車も1駅先の金沢文庫まで乗り入れることが多い。平日朝の下り、夜の下り、朝の上り、土休日の夜の下りには特急も走る。

金沢文庫―金沢八景間には総合車両製作所の本社（横浜事業所）がある。もともとは東急車輛《しゃりょう》製造の工場であり、東急車輛の時代から京急の車両も多くがここで製造された。

ここから金沢八景、六浦《むつうら》、神武寺《じんむじ》まで上り線は3線軌条が続き、標準軌（1435ミリメートル）と狭軌《きょうき》（1067ミリ）双方の車両が走ることができる。京急は全線が標準軌だが、総合車両製作所から搬出する他社の車両に対応するために、狭軌のレールも敷かれているのだ。神武寺で搬出のための線路は分かれ、JR横須賀線の逗子へ向かい、各地へと運ばれる。

六浦はホームが対向式になっており、上り線外側の線路を3線軌条で併用しているところと、内側の線路を併用できるように、ここのみにポイントが設けられているところが見ものだ。

また、神武寺はアメリカ軍の池子《いけご》住宅地に隣接しており、米軍関係者のための専

逗子線は金沢八景から分岐する

金沢文庫—金沢八景間の配線図

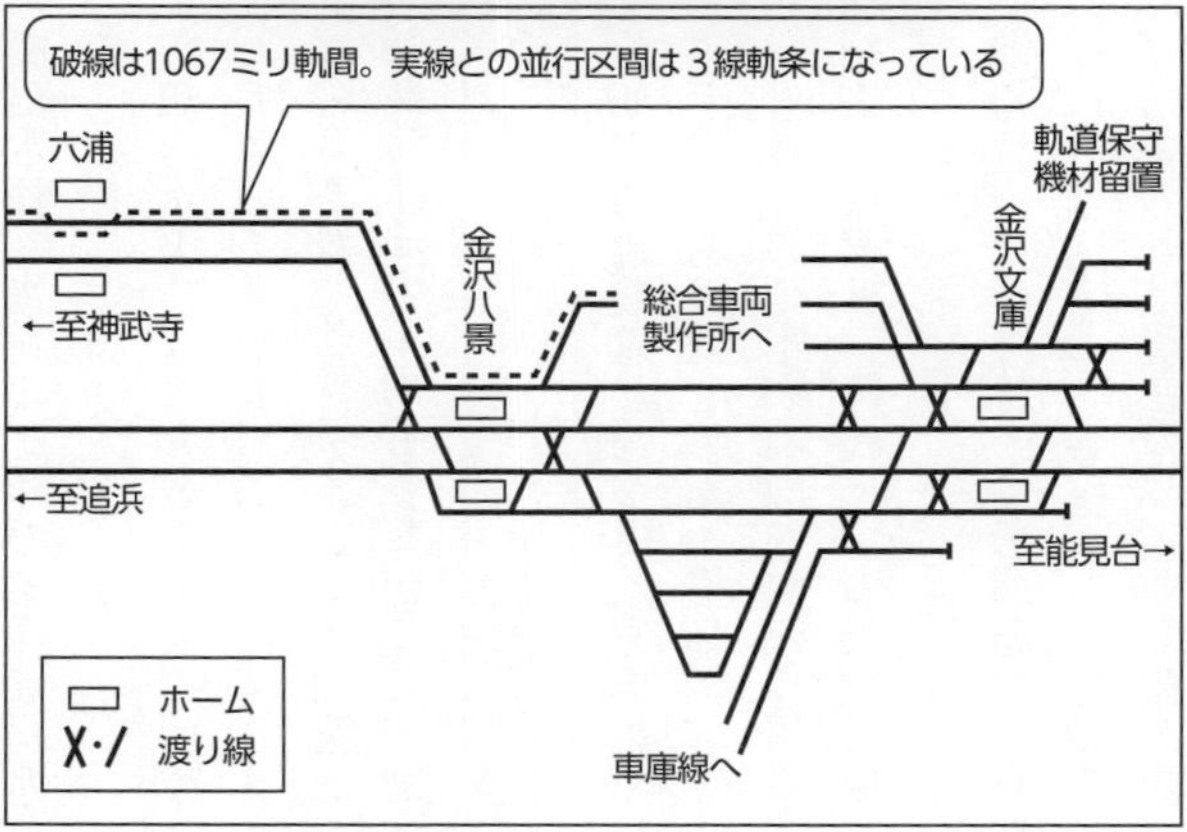

用改札が設けられている。総合車両製作所から搬出される車両のための線路は、途中で米軍用地内も走る。

逗子・葉山の手前まで複線であり、逗子・葉山駅のホームは最大8両編成の列車に対応する1面1線（ホーム1面、線路1つ）となっている。なお、この駅は1985（昭和60）年3月に京浜逗子駅と逗子海岸駅が統合され「新逗子」として開業した。2020（令和2）年3月に駅名を変更し「逗子・葉山」となっている。

空港線が文字どおりの「空港アクセス鉄道」になるまで

近年、京急は羽田空港アクセスに力を入れており、通勤輸送と並んで鉄道事業の大きな柱となっている。品川からはおよそ10分に1本、羽田空港第1・第2ターミナル行きの列車が運行されており、横浜方面からも多くの列車が羽田に向かう。京急蒲田と羽田空港第1・第2ターミナルを結ぶ空港線は、時代により役割を変化させてきた。

羽田には「穴守《あなもり》稲荷」という神社がある。空港線は、この神社への参詣客輸送を目的として、1902（明治35）年に蒲田から穴守までを結ぶ「穴守線」として開業した。ちなみに、蒲田は現在の京急蒲田である。穴守の名は現在の「穴守稲荷」駅に残るが、開業当時と現在の穴守稲荷駅の位置は異なる。

当時の羽田エリアは漁村だった。京急は海水浴場や海の家、運動場などを開発。また、多摩川の渡し舟にも使える巡回きっぷも発売した。川崎大師と同様に寺社参詣のため、そして参詣を名目とした行楽のために鉄道が設けられたのだ。

1931（昭和6）年、羽田飛行場が開業した。それまで民間機は立川にある軍民共用の飛行場を使用していたが、航空需要の高まりにより、民間機専用の飛行場が羽田につくられたのである。満州国などに向かう国際路線も開設された。ここで、穴守線は空港輸送の役割も担うようになった。

太平洋戦争が終わると、日本の空はアメリカ軍が管理するようになり、羽田空港も接収される。このあいだ、穴守線の上り線は狭軌に改軌され、省線（のちの国鉄）蒲田駅に接続し、空港整備の資材輸送にも使用された。

1952（昭和27）年7月、羽田空港は民間飛行場として再整備されることになった。そして、1956（昭和31）年4月、穴守稲荷―羽田空港（現在の羽田空港関連駅とは位置が異なる。穴守稲荷―天空橋間周辺にあった）間が開業する。しかし、空港に直接乗り入れられたわけではなく、駅から空港に向かうためにはバスに乗り換える必要があった。

穴守線は1963（昭和38）年11月に「空港線」と改称するが、当時の羽田空港へのアクセスは都心部からのバス輸送が中心であったこと、さらに1964（昭和39）年9月に東京モノレールが開業したことから、空港線の存在感は皆無《かいむ》に等しかった。しかもこの時代は、一時期を除いて京浜蒲田（現在の京急蒲田）から羽田空港までの区間運転のみだった。

状況が大きく変わるきっかけとなったのは、1983（昭和58）年の「東京国際空港整備基本計画」で、京急の空港ターミナルへの直接乗り入れが決まったことだった。空港そのものも、東京湾の沖合へ大きく拡張することとなった。

1993（平成5）年4月、穴守稲荷から羽田（現在の天空橋）までが開業する。このときから、都営地下鉄浅草線方面への直通運転も開始した。なお、この開業に際して、1991（平成3）年1月には穴守稲荷―羽田空港間を営業休止（バス代行）とし、休止中に駅ホームを3両編成用から6両編成用に、そして8両編成用へと段階的に対応させている。

羽田駅で東京モノレールと接続する時期を経て、1998（平成10）年11月に羽田空港駅が開業。悲願であった空港直下までの乗り入れを果たした。あわせて、羽田空港から成田空港を結ぶ列車も登場した。なお、旧羽田駅はここで「天空橋」に駅名を改めた。

その後の京急の空港アクセス輸送の進展はとどまるところを知らない。２００４（平成16）年には羽田空港の第２ターミナルが開業、羽田空港駅は２つのターミナルに直結する駅になった。

２０１０（平成22）年10月には、羽田空港の国際化にあわせて羽田空港国際線ターミナルが開業し、「羽田空港国際線ターミナル駅」が新設された。同時に羽田空港駅は「羽田空港国内線ターミナル駅」と名称を変更した。

羽田空港周辺の路線図

さらに２０２０（令和２）年３月には、ターミナルの名称変更にともない、国際線駅が

「羽田空港第3ターミナル駅」に、国内線駅が「羽田空港第1・第2ターミナル駅」へと名称を変更した。

このように、羽田空港の拡大などにともなって、空港線は行き先をどんどん変化させ、長編成の列車が行きかう路線へと進化していったのだ。

第1・第2ターミナル駅の1日平均乗降人員は、2023（令和5）年度には10万1471人で京急内でも5位となっている。なお、第3ターミナル駅は3万2528人で14位だ。

空港線は、いまなお進化を続けている。輸送力を強化するために、終点の羽田空港第1・第2ターミナル駅のホーム終端部で途切れている線路を先へと延ばし、引き上げ線（方向転換や入れ換えを行なうために、一時的に本線から列車〈車両〉を引き上げるための側線）を新設する工事を行なっているのだ。

使用開始は2030年ごろの予定だという。完成すれば、乗務員の交代や車両点検といった折り返し準備を引き上げ線内で行なえるようになり、1時間あたり片道3本、運行本数を増やすことができるという。

長い年月をかけて延伸と進化を続けてきた空港線は、今後も大きな展開が望める路線である。

大師線は、現在よりも長い距離を走る路線だった

京急のルーツの1つは、1899(明治32)年1月に開業した大師電気軌道である。関東初の電気鉄道であり、現在の大師線となる。

もともとは川崎大師参詣のために設けられた路線で、川崎(のちの六郷橋《ろくごうばし》。現在は廃駅)—大師(現在の川崎大師)間を結んだ。現在のJR川崎駅近くに駅ができなかった理由は、人力車組合の反対があったからだという。

大師電気鉄道は開業年に「京浜電気鉄道」と社名を改め、1902(明治35)年9月に現在の京急川崎まで延伸。そののち、現在の本線を南北に延ばし、川崎大師への誘客《ゆうきやく》路線として発展していく。

1944(昭和19)年6月には産業道路(現在の大師橋)まで延伸。同年10月に小《こ》島新田《じましんでん》を通り入江崎《いりえざき》へ。そして、翌年1月には桜本《さくらもと》へと路線を延ばす。当時、川崎大師の先は工場街となっており、参詣客だけでなく通勤客の輸送路線としての役割も担うようになった。戦後は、味の素川崎工場の専用貨物列車が3線軌条で運行された。

小島新田より先は、1951(昭和26)年3月に塩浜—桜本間が休止(ここには川

かつては桜本まで延びていた大師線

崎市電が乗り入れることになる）になり、１９６４（昭和39）年には小島新田—塩浜間も川崎貨物駅建設により休止となった。同年の小島新田駅移設を経て、現在の運行区間となる。

大師線は、京急川崎駅の頭端《とうたん》式地上ホームから出発する。京急川崎駅は１９６６（昭和41）年12月に本線が高架化され、大師線は地上で発着することになった。

カーブが連続するなかを港町《みなとちょう》に向かい、いったん高架上を走ったあと鈴木町の手前でふたたび地上に戻る。

川崎大師は初詣時などに混雑するため、改札のスペースが大きい。東門前《ひがしもんぜん》を過ぎると地下区間に入る。大師橋を経て単線区間となり、小島新田で終点となる。

この路線に乗ると、乗客の多さに驚くことだろう。工場地帯でありながら、沿線のマンション建設もさかんで、通勤・通学だけではなく、川崎市の中心部へ向かう人も乗っている。

2023（令和5）年度の1日平均乗降人員を見ると、終点の小島新田が2万1401人、川崎大師が1万6535人、東門前が1万2672人となっている。4両編成、全列車が普通列車という路線であるから、混雑が激しいのも道理だ。

近年は都市に近いエリアとして関心が高まり、沿線の人口も増えている大師線。大師線は京急グループ発祥の路線であり、川崎大師駅前には「京浜急行発祥の地」の碑もある。長い歴史を持ち、住宅地域としても工業地域としても発展するこの沿線は、今後も注目を集めていくことになるだろう。

ふたたび動き出す？　大師線「連続立体交差事業」とは

大師線では現在、連続立体交差事業が進められている。川崎市が事業主体となり、1993（平成5）年6月に、終点の小島新田駅を除く全線を地下化することが決まった。

大師線の連続立体交差計画ルート

それまで、産業道路（正式名は「神奈川県道６号東京大師横浜線」。片道３車線で計６車線）や国道４０９号線で道路と鉄道の平面交差があり、交通渋滞が問題になっていた。そこで、大師線全体を地下化して事態を解決しようとしたのである。川崎駅の地下では、当時計画されていた川崎縦貫《じゅうかん》高速鉄道（川崎市営地下鉄）に乗り入れる構想だった。

まずは整備効果の高い東門前―小島新田間を地下化することとなり、２００６（平成18）年９月に着工。軌道下を開削《かいさく》工法で工事し、２０１９（平成31）年３月に完成した。「産業道路」という駅名は、「大師橋」に変更された。

その後、２０１９年度内に東門前―鈴木町間を地下化する計画だったが、新型コロナ禍や川崎市の財政難などの問題があり、計画は中断となった。しかし、計画再開の話も出てきている。

さらに、川崎大師—鈴木町—京急川崎間を別線で地下化するという計画もある。道路整備などと並行して計画は進んでいたものの、一体的な整備が困難であることや費用対効果の面から中止となった。ちなみに、この計画と先に触れた川崎市営地下鉄の計画はリンクしており、地下化したら相互乗り入れを行なう予定だった。

産業道路と交《まじ》わる踏切を解消するという目的は果たせたが、まだ、国道４０９号線と川崎大師駅周辺の踏切をどうするかという問題が残っている。このことを考えると、東門前—鈴木町間の連続立体交差事業が見送られている状況は、大師線と周辺地域の発展にとって今後の懸念《けねん》材料となると考えられる。

事業の採算性と地域の発展とを両方見ながら、地下化をどう進めるかを検討することになるだろう。今後の動向が気になるところだ。

京急は「蒲蒲線」構想にあまり乗り気ではない?!

「蒲蒲線《かまかま》」と呼ばれる路線計画がある。具体的には、東急多摩川線の矢口渡《やぐちのわたし》駅近くから地下に入り、ＪＲ東日本や東急の蒲田駅の地下、京急蒲田駅の地下を通って、大鳥居駅で京急空港線に接続する構想だ。

2016(平成28)年4月の交通政策審議会「東京圏における今後の都市鉄道のあり方について」で出された答申のなかで、「国際競争力の強化に資する鉄道ネットワークのプロジェクト」の1つとして、「新空港線の新設」が掲《かか》げられ、東急多摩川線と京急空港線の相互直通運転計画が登場した。

この計画は大田区が非常に熱心であり、東急電鉄も実現に向けての意欲を示している。まずは、矢口渡―京急蒲田間を整備し、京浜東北線や東急多摩川線・東急池上線の蒲田駅と京急蒲田駅のミッシングリンクを解消する。この路線ができることで、東急東横線や東京メトロ副都心線方面との相互直通運転が実現し、新宿や渋谷、池袋方面と羽田空港とのアクセス利便性が向上する。

京急蒲田までの計画は何の問題もないように思える。だが、大鳥居まで路線を延ばしたうえで京急に乗り入れるとなると、東急電鉄の軌間1067ミリメートルと京急電鉄の軌間1435ミリの違いを解消するために、3線軌条にするのか、それともフリーゲージトレインを導入するのか、ということが大きな課題となる。

そもそもこの計画は、大田区には区内の交通事情改善、また都市の公共交通全体で見ても空港アクセスの向上というメリットがあるが、京急にとってはそれほどの

東急と京急を結ぶ「蒲蒲線」構想

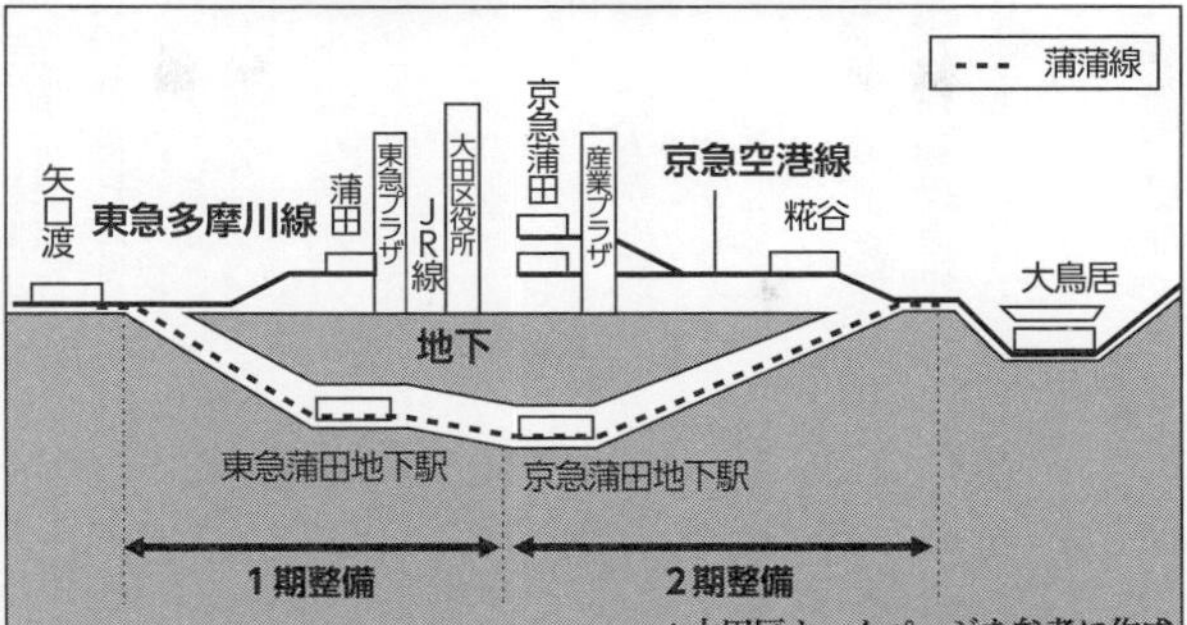

＊大田区ホームページを参考に作成

メリットがない。

京急としては、空港アクセスは既存の自社線に乗ってもらいたい（あるいは、空港行きのバスに乗ってもらいたい）という考えであり、軌間が異なる区間を整備するのもあまりメリットを感じないというのが本音なのだろう。それゆえに、蒲蒲線（新空港線）計画にどこか冷たいところがある。

現状は、2022（令和4）年10月に大田区と東急電鉄の共同出資で設立された第三セクター「羽田エアポートライン」が、京急蒲田までの早期実現を目指して、鉄道事業の許可取得に向けた関係者との協議を行なっている。2025（令和7）年1月には、東急電鉄が新空港線整備に向けての営業構想の認定を国土交通省に提出した。

蒲蒲線の計画は、注目こそされているものの、当初の計画をすべて実現させるまでには時間がかかる。京急がどう出るかしだいでもある。

路面電車が走った「大森支線」が廃止された理由とは

大師線は前述のように、小島新田―桜本間が休止になり、一部区間が川崎市電になった。しかし川崎市電も1964(昭和39)年3月に旧大師線区間が休止となり、その後には廃止された。

また、空港線は羽田空港への延伸のために一部の区間を廃止している。このあたりは、仕方がないともいえよう。地域の交通事情や路線の発展のために、それまであった路線がなくなってしまうことは珍しくない話だ。

しかし京急には、これはちょっと惜しいのでは……と思われる廃止路線もある。かつて、現在の大森海岸(当時は「八幡」という駅名だった)からJR大森駅の前にあった大森停車場前までを結ぶ「大森支線」と呼ばれた路線が存在していた。大森停車場前はループ線となっており、その形状は道路にいまも残っている。車庫もあった。

大森停車場前で官営鉄道(のちの国鉄・JR)と接続、川崎駅近くまでの路線(大師線）も1901（明治34）年に開業していたため、川崎大師や穴守稲荷、大森停車場前を通じて池上本門寺などを参詣するルートが形成された。川崎大師と穴守稲荷を結ぶ渡し船も存在した。

その後、品川から八幡を結ぶ路線が1904（明治37）年5月に開業。川崎から南側にも路線が延びていき、八幡では品川方面から線路が分岐するかたちになった。こうして、八幡―大森停車場前間は「大森支線」と呼ばれるようになった。

当時の大森エリアは、まだ東京市の外であり、海辺の街だった。路面電車のような当時の車両に、駅だけでなく、乗務員に声をかけた場所から乗車

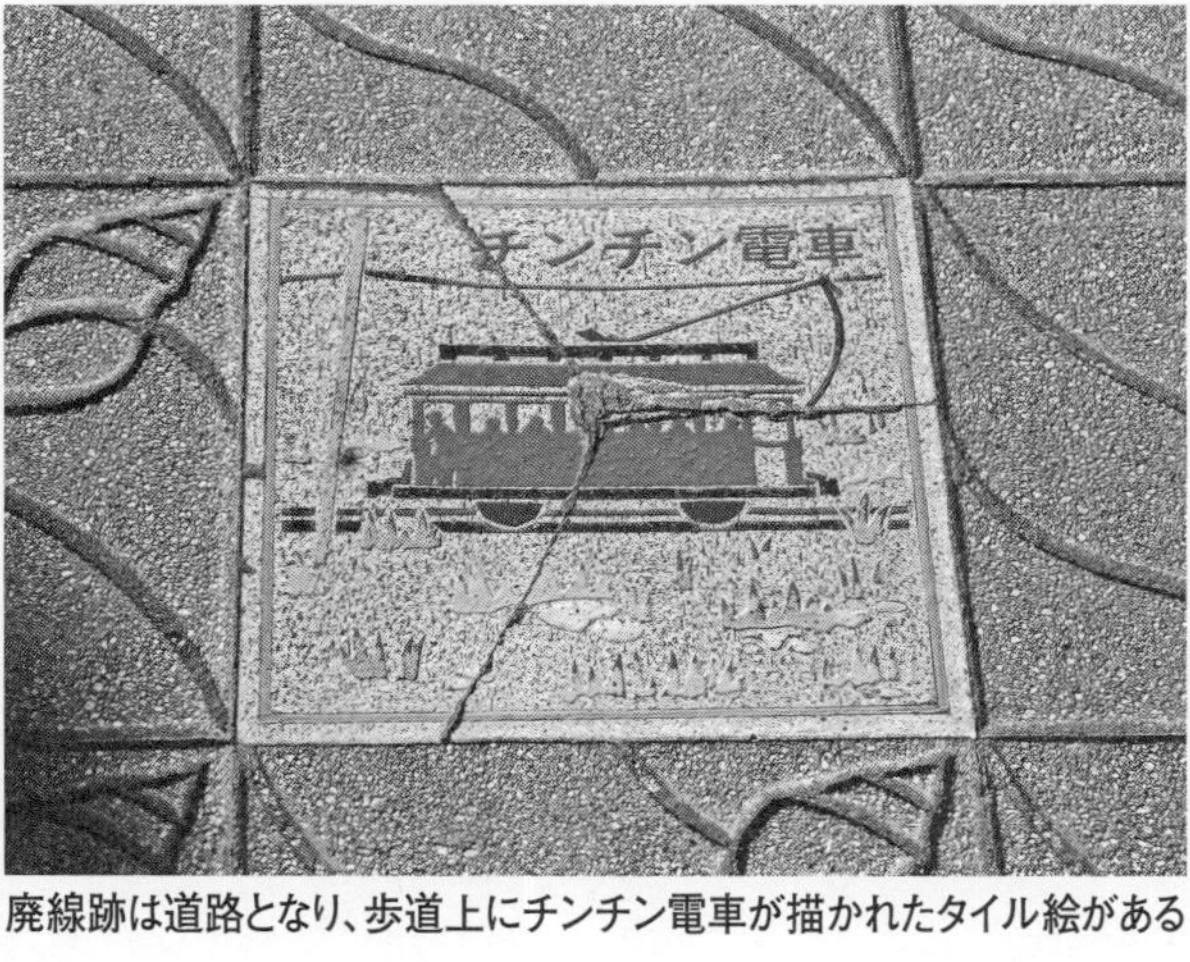

廃線跡は道路となり、歩道上にチンチン電車が描かれたタイル絵がある

することができたなど、いまでは考えられないような状況だったという。

1923（大正12）年9月の関東大震災を経て、郊外の人口が多くなり、大森周辺に住む人も増えていった。

そして、東京市に編入された大森エリアでは道路が狭いことが問題となり、京浜国道と大森駅のあいだに広い道幅の道路の建設が計画された。そこで東京市は大森支線が走る土地を買収し、道路にしたのである。大森支線は赤字路線だったため、京急にとってもちょうどよかったのだろう。1937（昭和12）年3月に廃止となり、現在は大森海岸通りとなっている。

1区間だけではあるものの、並行して走る京急とJRを結ぶ路線は、現在あっても便利だったのではないかと筆者は考える。また、この路線が池上本門寺方面に延伸していたら、路線の性質もきっと変わっていたのではないだろうか。

京急の「未成線」には、どんなものがある？

廃止によってなくなってしまった路線も惜しいが、計画されながら完成しなかった「未成線」にはもっと惜しいものがある。未成線は全国にあるが、この路線が開業していたら地域も鉄道そのものも、もっと発展したのに……と考えさせられることは多い。

京急でその最たるものが、前述の久里浜線三崎延伸だろう。三崎まで路線が延びていたら、三浦半島はもっと訪れやすい観光地になっていたのに、と感じずにはいられない。

じつは、京急の「未成線」は、三崎延伸のほかにも存在する。

まず、京急の前身の1つ、湘南電気鉄道によるものだ。湘南電気鉄道は三浦半島を一周する路線網を計画していたが、そのいっぽうで、都心に向かうために、日ノ出町と桜木町を結んで現在の東急電鉄と接続する計画も存在していた。

また京急は、品川から都心へ向かう計画も有していた。地下鉄の父・早川徳次《のりつぐ》が経営する東京地下鉄道（現在の東京メトロの前身）は、新橋から先は品川に向かい、京急と相互直通運転をする予定があったが、実現はかなわなかった。

京急自身も独自の都心乗り入れ計画を持っていた。現在の北品川から青山南町に向かう路線の計画を、1908（明治41）年6月に取得している。さらに1912（大正元）年10月には、この計画を千駄ヶ谷《せんだがや》まで延伸させた。この地域は将来に開発されることが見込まれており、また電気供給事業にも都合がよかったからだ。

しかし、陸軍施設の存在や道路の関係で計画が実現することはなかった。京急は品川をターミナルとすることになり、都心への直通は１９６８（昭和43）年6月の都営地下鉄浅草線大門《だいもん》—泉岳寺間開業を待たなくてはならなかった。これにあわせて、京急本線の品川—泉岳寺間も開業したのである。

2

こだわりの名車が勢ぞろい!

車両の凄い話

バリエーション豊富な「1000形」。何がどう違う？

京急でよく見かける車両といえば、3扉ロングシートの1000形だ。2023（令和5）年度までに486両が製造されている（ただし、2019〈令和元〉年9月の踏切事故で8両編成が廃車になり、現存するのは478両）。

初登場以来、20年以上にわたって活躍するロングセラー車両であり、2002（平成14）年2月に1次車が登場し、現在のところ、2023年8月・11月の22次車まで製造されている。

この1000形、アルミ製車両もあれば、ステンレス製車両もある。4両・6両・8両と編成も長短さまざまだ。さらに製造された場所も、東急車輛《しゃりょう》製造、川崎重工業、そして東急車輛製造の後継企業である総合車両製作所とさまざまだ。

まずは、その全体像を見てみたい。1次車から5次車までは、アルミニウム合金製となっている。アルミ製になったのは軽量化のためで、車体には塗装が施《ほどこ》されている。また、この時期の車両は車端部《しゃたんぶ》をクロスシートにしている。

6次車になると、ステンレス鋼で製造されるようになった。車体塗装もなくなり、代わりに赤色と白色の帯を貼り付ける方式となった。このスタイルは14次車まで続いた。

15次車では、ステンレスの地肌全体に赤色と白色のカラーフィルムを貼り付けるようになった。しかも地下鉄直通運転の際に必要な前面の貫通扉が、14次車までの左端ではなく、真ん中に設けられた。座席は6次車から15次車まで、全車両がロングシートとなった。

16次車は、貫通扉の位置が左端に戻り、座席も車端部の片側がクロスシートに。17次車になると、ステンレス車体に赤と白の2色を塗装するようになった。

20次車は「Le Ciel（ル・シエル）」。フランス語で「空」を意味する。4両2編成、ロング・クロス転換可能な座席を備え、車内にはトイレもある。21次車も同様の車両が3編成導入され、現在では22次車まで導入されている。

電動機や制御器は、5次車までは海外メーカーの機器を採用していたが、6次車からは国産品になった。なお、初期に電動機などに海外メーカー製品を採用していた車両のなかには、国産品に置き換えたケースもある。

編成によって電動車の位置が異なることもあるが、「先頭車両が電動車」という京急の伝統は1次車から22次車まで変わっていない。ほかに、1000形に共通しているのは、前面に大きく見える「1000」の数字である。

1000形には見えるところも見えないところも、製造時期によって仕様が異なったり、編成両数なども多様であったりと、ちょっとした違いが興味深い車両だ。1000形に乗る際は、何次車であるかを観察するのも面白いだろう。

1000形の車体がアルミからステンレスに変わった理由

1000形は5次車までアルミニウム合金で製造された。現在ではステンレス車のイメージが強い総合車両製作所の前身の1つである東急車輛製造でも、アルミニウム車体がつくられた。

アルミニウム車体は、加工しやすいという特徴がある。1000形の先頭部は三次元曲面を多用し、アルミニウムの特性を活かした流麗《りゅうれい》なデザインとなっている。

ところが6次車からは、軽量ステンレス製の車両となる。コストダウンを意識したと考えられるが、ステンレス鋼は三次元曲面の加工が難しいため、前頭部は加工がしやすい普通鋼でつくることになった。その後は車体全体が軽量ステンレス鋼、前頭部は普通鋼という組み合わせが続いた。

近年では、鉄道車両各社で車体構造に共通のプラットフォームが導入されるようになっている。総合車両製作所製の20次車「Le Ciel」は、同社がさまざまな鉄道会社に提供しているステンレス車体のプラットフォーム「sustina」が使用されている。外板はなめらかであり、レーザー突合《つきあわ》せ溶接（外板の継ぎ目を平らに仕上げる溶接方法）でつくられている。

「sustina」は、ＪＲ東日本や東急電鉄など多くの鉄道会社で導入されており、京急のような1両18メートルの車両にも対応している。ただし、塗色《としょく》や車内の質感には、京急らしいこだわりが随所《ずいしょ》に見られる。21次車も同様の規格でつくられた。

そして22次車は、川崎重工業の鉄道車両部門を分社化した川崎車両と、総合車両製作所がそれぞれ製造し、メーカーごとに車体に違いが出るようになった。

このように、素材と車体は１次車から５次車までと、６次車以降で大きな差がある。さらに、同じ製造時期の車両でも、メーカーが異なると細かい部分にも違いが出る。もちろん同じ１０００形であるから基本性能は変わらないが、興味深いところである。

１０００形の塗装、登場時から現在までどう変化してきた？

京急は「色」にこだわる鉄道会社だといわれる。それも、鮮《あざ》やかな「赤」にこだわっている。１０００形も赤を身にまとっているが、製造時期によって「まとい方」

が異なる。

5次車までは、車体は赤、窓周りは白（アイボリーホワイト）で塗装されている。快特に使用される2100形を3扉にしたような感じだ。前面にある「1000」の表示は塗装ではなく、スリット（切り込み）である。

ところが、6次車でステンレス車体になると、車体は塗装ではなく、赤と白の帯をカラーフィルムでラッピングし、ステンレス地の銀色が目立つスタイルに。前面の「1000」の表示もステッカー貼りになった。

このスタイルは長かったが、京急のファンからはステンレス地が目立つ車体よりも、赤とアイボリーホワイトに塗り分けた車体を期待する声が多かった。

そこで2015（平成27）年に登場した15次車は、車体がカラーフィルムでラッピングされた。色はもちろん赤と白である。だが、ラッピングゆえにドア周りなどに金属の地肌が見えており、ファンの不評を解消するまでにはならなかった。

17次車では、ステンレス車体に全面塗装を施した。このときの1000形は、京急創立120周年に合わせて1200番台の名がついた。

この後に製造された1000形は、全車両が全面塗装となっている。ステンレス車体に塗装するのは手間だし、コストもかかる。それでも、車体の塗装にも「京急

5次車までは600形・2100形と同様に車体は赤、窓周りは白で塗装

6次車からは側面に赤と白のカラーフィルムを貼り付けるスタイルに

15次車から車体全体がラッピングされたが、扉周りや窓枠はカバーできず

17次車から全面塗装が復活。ステンレス車への塗装は関東の大手私鉄で初

らしさ」を求める利用者や鉄道ファンには好評である。

ただ、ステンレス車体にラッピングした車両も、他社のラッピング車両よりもラッピングの面積が大きく、フルラッピングの車両もある。京急なりの努力がうかがえるのだ。

1000形の「Le Ciel」は何が画期的だった?

「Le Ciel」(ル・シエル)の名で知られる1000形1890番台は、2022(令和4)年の鉄道友の会「ブルーリボン賞」を受賞した。

ブルーリボン賞は、ローレル賞とあわせて、前年の1月1日から12月31日のあいだに日本国内で営業運転を正式に開始した新造もしくは改造車両から、日本の鉄道車両の進歩発展に寄与することを目的に、会員の投票結果により選定している賞である。ブルーリボン賞は選考委員が審議して最優秀と認めた車両に、ローレル賞は優秀と認めた車両に授与《じゅよ》される。

つまり、「Le Ciel」は1000形のバリエーションの1つであるにもかかわらず、最優秀車両として認められたのだ。選考理由によると、「チャレンジングな姿勢と堅実性を兼《か》ねそなえたトータルバランスに優《すぐ》れた車両」として、多くの会員の支持を集めたという。

ロング・クロス転換座席や車内トイレ設備など、京急初となる設備を備え、通勤・通学だけでなく観光・イベントなどにも使用できる。さらに、最新水準の機器類を積極採用するいっぽうで、これまでに実績のある安定した仕様も踏襲《とうしゅう》していることが評価された。

客室内は従来の1000形のデザインを踏襲し、白を基調にした明るい空間になっている。座席は抗菌・抗ウイルス仕様で全席にACコンセントが装備されている。また、乗務員室の後ろにある展望席の固定クロスシートの箇所には、採光《さいこう》用の側窓が設置された。車内トイレ設備は洋式ユニバーサル仕様と男性用の2か所が設けられた。この設備を設けるために、京急は汚物処理の施設を新設している。

ちなみに、「Le Ciel」の愛称は一般から公募された。名付けたのは「風の谷のさてう」さんだ。

授賞式では選考委員長が完成度の高さを絶賛し、出席した総合車両製作所社長が下塗りの細かさを説明している。

「Le Ciel」は、長い歴史を歩んだ1000形のなかでも、ただの1000形ではない。それゆえにブルーリボン賞を受賞したといえる。

1000形1890番台（20次車）「Le Ciel」

車体側面に描かれた「Le Ciel」の愛称ロゴマーク（写真：Rsa）

1000形がロングセラー車両となったわけは?

2002(平成14)年からずっと、1000形は投入され続けている。仕様はこれまで説明したように製造時期によって細かく異なるが、いずれも3扉ロングシート車であり、ドア位置も共通している。それゆえに、車両の形式を大きく変える必要がなく、1000形の製造が長く続けられてきたのだ。

京急線内では優等列車から普通列車まで広く使われており、都営地下鉄直通列車にも採用されている。高速運転のみならず、地下鉄線内での加減速性能も高く、乗り入れ先の京成線内の走行も可能と、オールラウンドに活躍できるため、京急のなかで非常に重宝される存在となっている。

地下鉄直通列車は8両編成であるが、4両・6両の編成も組むことができ、8両編成+4両編成という組み合わせも可能だ。運転最高速度は時速120キロメートル、設計最高速度は時速130キロ、起動加速度は3・5キロ毎時毎秒、常用減速度は4・0キロ毎時毎秒となっている。

1000形は、今後も製造され続けると考えられる。細かな仕様を変更しながら、複数のメーカーに同様のものを発注していき、その歴史は続いていく可能性が非常に高い。

もし、標準型車両が別形式で出るとしたら、新型車両が大きく性能を向上させるときであるとしか考えられない。

以前にも存在した1000形。現行とどこが違う?

現在の1000形は、登場したころは「新1000形」と呼ばれていた。同時期に「旧1000形」が存在していたためである。

旧1000形は、1959（昭和34）年12月に登場し、翌1960（昭和35）年1月に営業運転を開始した。当初は先頭部が2枚窓だったが、都営地下鉄浅草線との将来の直通運転（1968〈昭和43〉年開始）を考慮して、1961（昭和36）年に増備した車両からは前面に貫通扉が装備されるようになり、それ以前に製造された車両も先頭車が貫通扉付きに改造された。

1978（昭和53）年まで計356両が製造され、引退は2010（平成22）年6月。新1000形は2002（平成14）年4月に営業運転を開始したから、およそ8年間、新旧の「1000形」が存在していたことになる。

旧1000形はロングシートの3扉車で、上位種別から下位種別までまんべんなく使用された。8両・6両・4両・2両編成があり、車体は普通鋼製である。

導入当時は非冷房車だったが、1971（昭和46）年以降の製造車から冷房が導入された。新1000形もそうだったが、製造時期によって車両の仕様に細かな違いが多く存在した。

また、全車両が電動車であり、制御方式は抵抗制御となっていた。いまから考えるとかなり電力を消費する車両だったといえる。最高運転速度は時速110キロメートルだ。

台車にはバリエーションがあり、円筒ゴム式のコイルばね台車、ウィングばね式の空気ばね台車、軸ばね式の空気ばね台車など、製造した会社により

長期にわたり、京急を代表する車両として親しまれた旧1000形

異なった。製造したのは東急車輛製造（現・総合車両製作所）と川崎重工業（のちに、車両部門が子会社化し川崎車輛に）である。

興味深いのは、8両編成が12本だったのに対し、6両編成が25本あったということである。これは、当時の都営地下鉄浅草線が6両編成で運行していたからという事情があった。

浅草線の6両編成での運行は1978（昭和53）年6月まで続いたが、その後、京急からの乗り入れ列車には8両編成が増えていく。ちなみに、浅草線の全列車が8両編成となったのは2014（平成26）年11月のことである。

新1000形が8両編成で都営地下鉄との直通運転を行なっている現在を考えると、新旧1000形の置かれた環境、そして仕様や走りも含めて、同じ名でありながら、まったく違う車両といえるだろう。

晩年の旧1000形は、わき役に追いやられた。時速120キロ運転が行なわれるようになると、高速運転が必要な列車には使用されなくなった。2008（平成20）年11月には都営地下鉄浅草線への乗り入れも終了した。こうして、新旧の「1000形」が併存する時代は終わっていったのである。

1000形以外も、京急には個性的な車両がずらり!

ここまで、延々《えんえん》と1000形の話をしてきた。京急が誇るオールマイティかつ偉大な車両が、昔も今も1000形であることは間違いない。しかし京急には、1000形以外にも複数の車両がある。

まずは、1998（平成10）年3月に登場した2100形である。2扉クロスシートで、快特や着席列車に使用される。

旧1000形と新1000形のあいだをつないでいたのが、1994（平成6）年3月に登場した600形である。地下鉄にも乗り入れる車両でありながら、オールクロスシートという仕様だった。前面デザインも、いまの京急に継承されるようなものをつくりあげた。600形には4両編成のものと、8両編成のものがある。

600形は優等列車を意識してクロスシートを設置したが、同じく旧1000形の地下鉄乗り入れを意識してロングシートの車両にしたのが、1500形である。こちらも、600形同様「新旧1000形のつなぎ」といえる存在だ。

1985（昭和60）年4月に営業運転を開始した。両開き3扉車を京急で初めて導入。2両単位で編成が組めるようにし、4両・6両・8両の編成がある。

１５００形には、最近の京急の車両ではなくなってしまったアンチクライマーが設置されている。アンチクライマーとは、鉄道車両の前面もしくは連結面の下部に装着された、衝突事故時の被害を最小限にするための装置である。

この装置により、衝突した側の車体が、衝突された側の車体を破壊することを食い止めることができたが、いまは車両の衝突事故そのものが少なくなり、採用されなくなった。１５００形が最後のアンチクライマー採用車である。

また、事業用車としてデト11形・12形、デト17形・18形がある。次項から、それぞれの車両の見どころを紹介しよう。

京急が誇るスピードスター「2100形」の魅力とは

京急には快特や「ウィング号」などの座席指定列車のみに使用される、特別な車両がある。オールクロスシート、２扉、横に引くカーテンなど、車内が豪華な車両が、多くの人を惹《ひ》きつける。

それが２１００形だ。８両編成10本のみ、優等列車専用としてつくられた車両である。京急は「優等列車のみに使用する車両はクロスシート」という伝統があり、２１００形は、その伝統を守ったものといえる。

2100形が登場する前は、快特専用車両は2000形が担当していた。しかしこの2000形は、前面に避難用の貫通扉が設置されていなかったため、地下区間を走る品川―泉岳寺間に乗り入れることができなかった。

そこで京急は、貫通扉がある快特専用車両を新たに製造する。登場年の1998（平成10）年が京急電鉄の100周年であること、そして「21世紀に向かう車両」という意味をこめて2100形と命名された。運転開始は同年3月だ。

いっぽう、それまで快特に使用されていた2000形は少しずつ快特での運用が減り、3扉ロングシートに改造されたのち、2018（平成30）年3月に引退した。

2100形の車体はアルミニウム合金製で、連結部には京急初の転落防止幌《ほろ》を設置した。窓は外から見て連続しているように見え、使用しているガラスは複層ガラスだ。

クロスシートは乗務員室から一括転換できるタイプで、座席はノルウェーのエクネス社製、座席表地はスウェーデンのボーゲサンズ社製である。車内には京急で初めてLEDによる案内表示が導入された。

車体技術にも新機軸が設けられた。制御装置は国産ではなく、ドイツのシーメンス社製のVVVFインバータ制御（GTO素子）が採用された。主電動機もシーメン

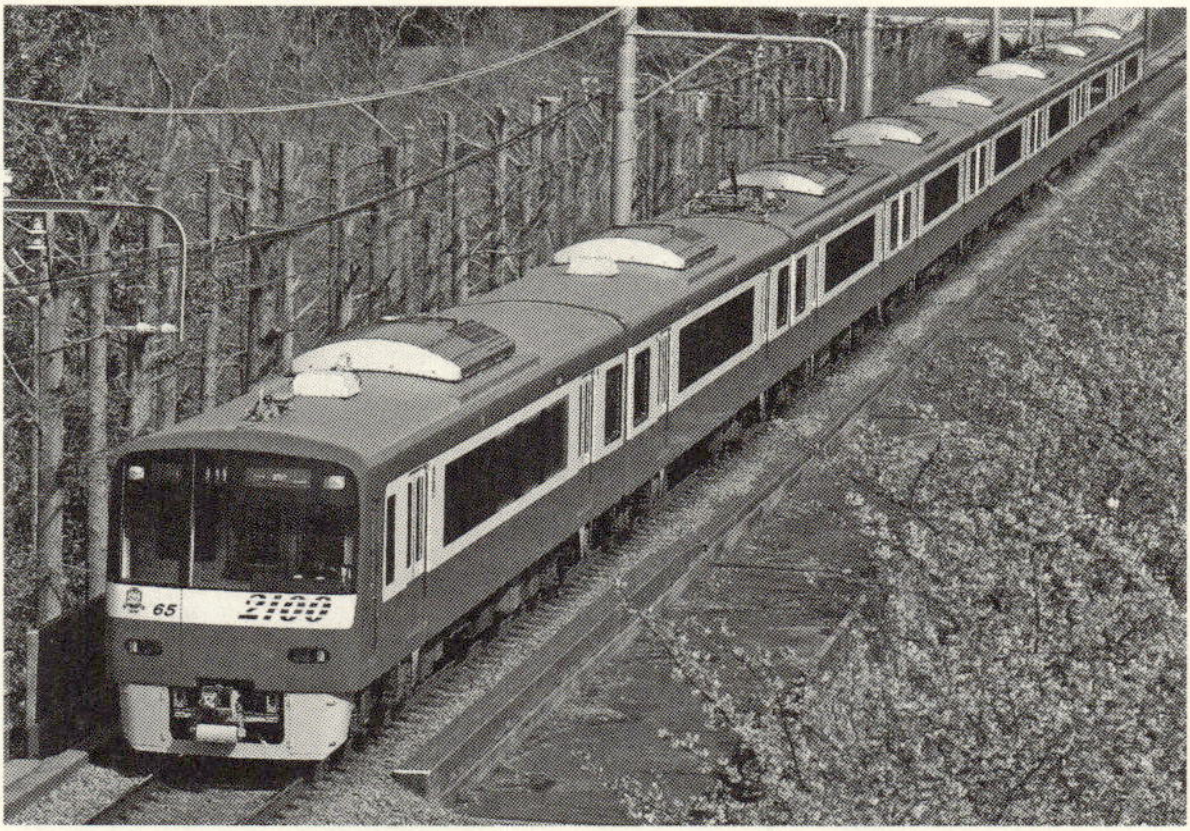

2100形は「都会」「洗練」「知的」「スピード感」を想起させるデザインに

2100形の車内。転換クロスシートがずらりと並ぶ(写真:Yasuo-san)

ス社製であったが、機器類は2008（平成20）年12月から2015（平成27）年3月にかけて国産品に更新された。メンテナンス性を考慮して、新しい制御装置は東洋電機製造による2レベルVVVFインバータ制御装置に、主電動機も同社製となった。

また、車体更新工事も2013（平成25）年度から実施されており、車上情報管理装置、ドア上部に17インチ液晶ディスプレイ、各ドアにドアチャイムが設置されている。車内照明もLED灯による間接照明に替わり、車内の落ち着いた雰囲気がアップした。

登場時には新技術などが導入され、リニューアルでも大きく変化したのが2100形だ。登場から25年以上が経過しても、京急の象徴であり続けている。車両内外から醸《かも》し出されるプレミアム感が、人気であり続ける要素となっているのだろう。

「600形」がつくった京急車両のスタンダード

1000形に代表される白と赤の塗り分け、三次元曲面の前面デザイン、地下鉄乗り入れに必要な貫通扉を左端に寄せる……など、京急における現在の基本スタイルを確立したのが、600形である。

地下鉄乗り入れのための車両ということを意識して、そして旧1000形の老朽化に対応する車両として、1994（平成6）年3月に登場した。

車体はアルミニウム製で軽量化し、ワイパーを隠すようなカバーも設け、アンチクライマーもなくした。現在のスマートな印象の京急車両のスタイルは、この車両がもとになっている。

京急線内のみで使用される4両編成と、地下鉄直通が可能な8両編成の2種類の車両がつくられた。2025（令和7）年1月現在、トータルで14編成88両が存在する。地下鉄直通車両でありながら、快特などの優等列車に使用できる車両としても設計された。その証拠が「ツイングルシート」である。

この車両は、扉間のボックスシートが4人がけとなっている。しかし、混雑時にはそれぞれ片側の席を収納し、2人がけにできるようになっていた。これにより、快特などでの着席確保と混雑時の立席確保を両立させることができ、先頭車で20席、中間車で24席の増減が可能だった。

しかし、この「ツイングルシート」は、2002（平成14）年度からは固定化され、2004（平成16）年度からは扉間の座席はロングシートに切り替えられた。

1000形がロングシートの車両として登場し、いっぽうで2100形が優等列車

600形の外観デザインは2100形や新1000形にも引き継がれている

収納式座席「ツイングルシート」のしくみ

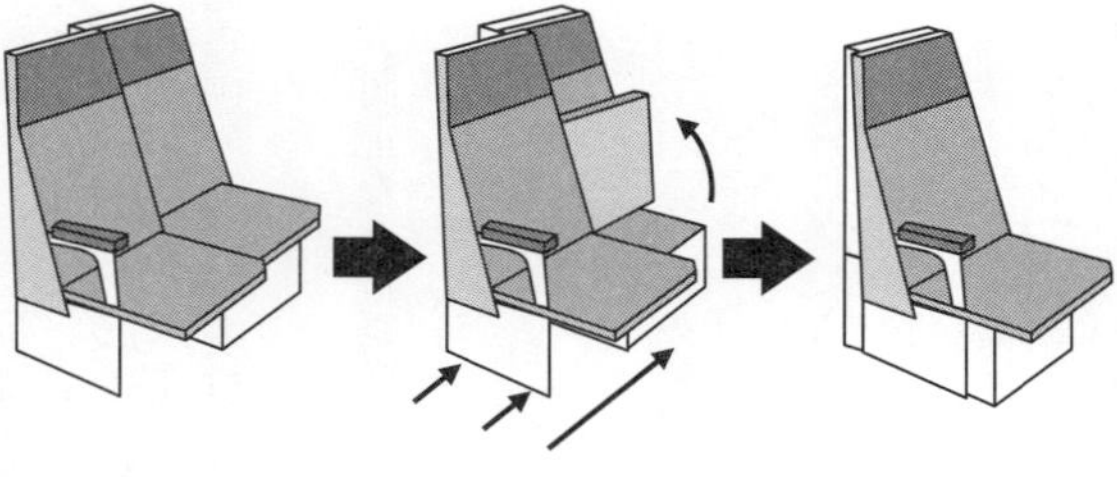

（2人がけ使用時：ツイン）　（1人がけ使用時：シングル）

専用車両として登場したことから、中間的な600形は通勤仕様にすることになったのだろう。また「ツイングルシート」は、保守にも手間がかかるという問題もあった。

その後、2009（平成21）年度からは車体更新工事が行なわれるようになった。ワイヤーカバーにあった形式表示が1000形や2100形をもとにしたスリット表示となり、よりスタイリッシュになっている。スカートも幅の狭いスタイルに変更した。

車内ではドア上部に液晶ディスプレイ2台を設置するようになった。この車体更新工事で、600形の「KEIKYU BLUE SKY TRAIN」（80ページ参照）も登場している。

また、2014（平成26）年の終わり頃から、前面の種別や行先表示の幕がLED表示になった。これは、列車無線システムを取り付ける場所の関係で、前面の方向幕の取り替えが困難になったからだ。

登場時からさまざまな変化があったものの、現在の主力である1000形や2100形につながるような車両のあり方を提示した600形も、京急における名車だといえるだろう。

引退も近い？ 幅広い用途に使用された「1500形」

中央に貫通扉、白の帯は細く、先頭にはアンチクライマー、鋼製車もあった、ちょっと懐かしい感じの京急の車両。

それが1500形だ。登場は1985（昭和60）年3月。令和のいまよりも2つ前の時代だ。この車両は600形よりも前に、旧1000形の代替車両として登場している。

それでも、新機軸は採用していた。京急では長年、片開きドアにこだわっていたが、この車両は両開きの3扉を採用した。また、京急では初めての両手操作型ワンハンドルマスコンを採用している。1次車・2次車は鋼製車だったが、3次車からはこれも京急初のアルミニウム合金車体を導入した。

4両・6両・8両編成の車両があり、166両が製造された。車両を組み合わせて12両編成も可能になっている。車内はオールロングシートで、さまざまな種別の列車に使用することを想定した車両だった。

導入当初は、当時安定していた技術であり、安価に回生《かいせい》ブレーキが使用できるという理由から界磁《かいじ》チョッパ制御車だったが、1990（平成2）年8月に登場した車両から、ＶＶＶＦインバータ制御車になった。その後、界磁チョッパ制御の車両もＶＶＶＦインバータ制御の車両に改造された。

１５００形はしだいに消えようとしている。２０２１（令和３）年11月には、事故以外での初の廃車が発生し、その後廃車が進み、すでに鋼製車は存在しなくなっている。

１０００形はかなり完成度の高い車両であり、前述したとおり、今後も増備が続くことが予想されるが、登場から40年にもなろうという１５００形は、そろそろ引退の時期が近づいているといえる。写真で記録するなら、いまのうちだろう。

省エネルギー、省メンテナンス車両という長所もあった1500形

扉の多さゆえに、消える運命となった「800形」

京急の車両は「18メートル車3扉」を基本スタイルとしている。ところが、そんな京急に4扉車が存在していたことがある。18メートル級の車両で扉が4つというのはかなり多い。しかも、片開きドアだ。

その車両とは800形である。1978（昭和53）年12月に登場した。京急線内での普通列車の運行のみに特化した車両で、運転台に貫通扉はなく、地下鉄線内には直通しなかった。

車両の加減速性能は非常に高く、起動加速度は3・5キロメートル毎時毎秒、いっぽうで最高速度は時速100キロと低かった。

登場時は3両編成で、神奈川新町駅より品川方面に多かった短いホームの駅にも対応していた。言い換えれば、短編成の列車しか停車できない駅のために生まれた車両ともいえる。

列車によっては、3両プラス3両の6両編成でも運行した。また、4扉としたのは、混雑している時間帯に多くの乗客をさばけるように、そして乗り降りを楽にするためであった。

その後、東京都内の京急線では高架化が進み、短編成しか停車できなかった駅のホームも長編成の列車に対応できるようになっていく。3両編成の車両の存在意義は薄まっていき、やがて全車両が6両編成に組み替えられていった。

また、この車両は老朽化が進んでいくいっぽうでホームの乗車位置の案内など、4扉車ゆえの扱いづらさも発生した。さらに、各駅にホームドアを導入するにあたって、扉の多さが支障をきたすようになった。

それゆえに800形は、2019(令和元)年6月に引退することとなったのである。

内外装とも新機軸を採用し、京急車両のイメージを変えた800形

乗車できない黄色い電車「デト」は、どんな車両？

京急電鉄は、事業用車両として電動貨車を持っている。デト11・12形は、資材運搬用の無蓋《むがい》貨車だ。１９８８（昭和63）年に旧１０００形の主制御器や主電動機などを活用して新製された。

運転台が両端にあり、その他の箇所に荷物を載せる。前面には旧１０００形に備えられていたアンチクライマーがそのまま残り、改造された車両であることを思い起こさせる。現在も新町検車区―金沢検車区―京急ファインテック久里浜事業所間で、車両の予備部品を運ぶ配給車として運用されている。

デト17・18形は、２編成ある。こちらも１９８８年に旧１０００形を活用して新製された。もちろん、アンチクライマーも備えられている。

ふだんは救援用の資材コンテナを積み、新町検車区や久里浜事業所で待機している。もともとはレールの運搬に使用されていたが、機械で輸送することが多くなったため、現在は救援車として使用されている。

デト11・12形とデト17・18形はともに旧１０００形を活用し、黄色で全面塗装され、細い赤帯が入っていることも同じだ。両車の見分け方としては、デト11・12形は乗務員室だけでなく、やや広めの有蓋《ゆうがい》の荷室が存在し、一般車両のようなドアがある。いっぽう、デト17・18形は営業用車両のようなドアがなく、荷室が狭い。

一般の人が「デト」に乗ることはできないが、車両基地の公開時には見学できる可能性もある。その際に事業用の車両とはどんなものなのか、見てみてはいかがだろうか。

もっとも、この車両は車体が黄色く塗られているからといって、線路や架線などの検測を行なう東海道・山陽新幹線の「ドクターイエロー」のような役割を果たすものではない。しかし「赤」が目立つ京急において、黄色い車

デト11・12形は事業用車両のため、なかなか見られない

体の「デト」が通ると意外な感じがするのではないだろうか。

京急を〝歌う電車〟にした「ドレミファインバータ」とは

鉄道の走行音が、鉄道ファンを惹きつけることがある。その一例が、京急の「ドレミファインバータ」だろう。

1998（平成10）年3月に登場した2100形と、2002（平成14）年2月に登場した1000形の初期型車両には、ドイツのシーメンス社製のインバータ（モーターを制御する機械）が導入された。

列車の発進時に、そのインバータから発生する「磁励音《じれいおん》」が、まるでメロディを奏《かな》でているように聞こえるため、京急ファンのあいだで「ドレミファインバータ」と呼ばれるようになったのである。

この「磁励音」は電力変換で生じる電気的なノイズで、シーメンス社の技術者は低速領域で独特な音色になるように設計したという。日本の技術者なら、できるだけ目立たない音にしようと発想したことだろう。この、音が出るなら親しみやすく、という考え方の違いが「ドレミファインバータ」を生み出したといえる。

「ドレミファインバータ」は、音楽ユニット「SUPER BELL"Z（スーパーベルズ）」

やロックバンド「くるり」の楽曲の題材にもなり、鉄道ファン以外にも広く知られるようになった。1000形は都営地下鉄内でも走行するため、トンネル内の音の反響を耳にする利用者も多かった。

しかし現在はもう、この音を聴くことはできない。音を発する制御装置がシーメンス社製から国産のものへと交換されたからだ。2021（令和3）年7月には、京急が公式に「ドレミファインバータ」車両の運行終了を発表している。

制御装置を工夫して楽しい音が出るようにしたドイツ人技術者の遊び心は、多くの京急ファンの心を惹きつけた。本来は小さくしたいような音を、音楽にまで昇華《しょうか》させたのは、有名な作曲家を多く生み出したドイツならではである。

人気作品とのコラボも！ 車体ラッピングもバリエーション豊富

京急は、車体色の「赤」にこだわっている。だが、車体をほかの色にすることもある。

1000形には、「KEIKYU YELLOW HAPPY TRAIN（京急イエローハッピートレイン）」という車両がある。2014（平成26）年5月に、京急の電動貨車をイメージした黄色い塗色に変更されたものだが、この車両が西武鉄道の車体色と似ていることから、西武鉄道でも赤色の塗色の列車を走らせるというキャンペーンを実施した。黄色い色は「幸福」を示すということで、縁起のいい車両となっている。

600形には「KEIKYU BLUE SKY TRAIN（京急ブルースカイトレイン）」がある。こちらは、2005（平成17）年3月に登場した。

2100形にも同じく「KEIKYU BLUE SKY TRAIN」がある。こちらは600形に少し遅れて同年5月に登場し、2015（平成27）年3月にもとの塗色に戻ったものの、別の2100形が新しくこの塗色になっている。

これらの塗色に、コラボラッピングが実施されることも多い。600形「KEIKYU BLUE SKY TRAIN」は、2010（平成22）年に開催された上海万博の宣伝車両や、「ワンワールド アライアンスラッピング電車」として運行された。

2100形の同種車両は、2023（令和6）年6月から8月にかけて、「F・マリノススポーツパーク号」として、車両の内外装を横浜F・マリノス一色にして運行された。

1000形「KEIKYU YELLOW HAPPY TRAIN」では、2019（令和元）年にTVアニメ『ONE PIECE』放映開始20周年を受けて、「京急宴線《えんせん》 真夏の ONE PIECE 列車」を運行した。

「幸せを運ぶ黄色い電車」京急イエローハッピートレイン

京急ブルースカイトレインは「ブルスカ」の愛称でおなじみ

また京急は、2012（平成24）年に発表されたサンエックスのキャラクター『すみっコぐらし』とのコラボに力を入れている。『すみっコぐらし』10周年の2022（令和4）年9月から、サンエックスや大田区とともに、「東京都のすみっこ大田区で10周年お祝いキャンペーン」を実施した。1000形「Le Ciel」には「すみっコぐらし」のキャラクターがラッピングされ、10周年を記念した列車として運行された。

2019（令和元）年11月には「京急沿線のすみからすみまであそびにいこうキャンペーン」を実施。「KEIKYU YELLOW HAPPY TRAIN」の編成が「たべものもぐもぐ号」、別の編成が「すみっコぐらし号」となった。その際には600形「KEIKYU BLUE SKY TRAIN」が「すみっコなかま号」となっている。

赤い京急の車両のほかに黄色や青色の車両もあり、コラボラッピングが組み合わされることもある。楽しい印象を利用者や沿線住民に与えているのが、京急である。

京急に「台湾一色」の車両が走った理由

京急は台湾鉄路管理局（台鉄）と友好鉄道協定を締結《ていけつ》しており、観光客誘致イベントや塗色変更などの活発な交流事業が行なわれている。

台湾観光庁と京急は、2024（令和6）年6月に台湾観光特別ラッピング電車「ビビビビ！台湾号」の運行を開始。1000形の車体側面に「台湾」のロゴが展開され、車内の中吊《なかづ》りなども「台湾一色」となった。

「ビビビビ」とは、「美景」「美人（人のよさ）」「美食」「美質（質のよさ）」の4つの「ビ」である。同年4月に台湾で発生した地震の復興支援として、京急が協力したものだ。

このように京急は「台湾」を意識した車両をよく運行している。2100形「KEIKYU BLUE SKY TRAIN」が台鉄の普通列車のデザインをまとったこともあれば、台鉄、JR東日本、西武鉄道と共同で「日台縦断！鉄道スタンプラリー」を実施したこともある。

ほかにも、台湾の弁当を「京急ファミリーフェスタ2015」で販売したり、台湾で行なわれた「台湾美食展」に京急が三崎のまぐろ料理をイメージしたまぐろ丼を出店したことがある。その際には、JR東日本もエリア内の弁当を販売している。日本の駅弁は台湾でも人気で、2024年6月には「鉄路弁当節」が実施された。

台湾の鉄道との友好関係に力を入れてきた京急は、友好鉄道協定の締結以来、多大な貢献をしてきたことが認められ、2024年2月には台湾観光庁より「台湾観光特別貢献賞」が授与されている。

羽田空港では、国際線が現在のように各地に出発するようになる前から台湾への航空路線が多く運行されており、台湾にとっても重要な空港である。その羽田空港へのアクセス輸送に力を注ぐ京急が、日台友好に力を入れるのは必然ともいえるだろう。

前面展望を楽しみたいなら、どの車両を狙うべき？

鉄道ファンにとって、先頭車両に乗ったときの楽しみは、なんといっても前面展望だろう。流れゆく車窓の風景、すれ違う列車など見どころは多い。

近年では、運転席の様子がわからないようになっている車両も多く、時間帯によっては前方が見える窓をカーテンで閉ざすケースもあるが、京急は前面の窓スペースを大きく確保しており、迫力ある前面展望を楽しめるようになっている。

しかも、前面展望がよく見えるような座席配置になっている車両もある。優等列車専用車両の2100形、かつて「ツイングルシート」を使用していた600形だ。

現在の京急最古参車両である1500形は、運転台の後ろがロングシートになっており、前方を眺《なが》めることはできるが、見やすいというわけではなく、窓も小さめだ。

京急最大派閥を占める1000形はどうかというと、運転台後部の窓は大きめになっており、進行方向右側の座席に座ると、前方がよく見えるようになっている。進行方向左側の座席だと、運転士の後ろ姿が見える。

運転台側の窓が少し小さめとなっている車両もあるが、進行方向右側の窓は大きい。また多くの1000形は、この座席がロングシートになっているが、6次車から19次車までには、ロングシートの座席すらない車両もある。

いっぽう、20次車「Le Ciel」では運転席後ろの座席が復活した。21次車も「Le Ciel」であったため、同様だ。さらに22次車では、運転台の後ろで前面

前面展望を堪能できる600形の〝かぶりつき〟座席

展望を楽しめる座席が採用された。これはファンには嬉しいだろう。

前面展望が楽しめる座席があるかどうかは車両により異なるものの、運良く座れた人は、ぜひ迫力ある眺めを楽しんでいただきたい。

他社との相互乗り入れで多彩な車両が走る！

京急は、都営地下鉄浅草線と相互乗り入れを行なっている。その都営浅草線は、京成電鉄などに乗り入れている。各路線は同じ日にダイヤ改正を行ない、車両の規格も共通化している。

さて、他社・他路線の車両も京急の路線内を走っているが、どのような車両が使用されているのだろうか？

まずは、都営地下鉄浅草線である。浅草線は５５００形が京急線内に入線し、「エアポート快特」にも使用される。京成電鉄は京成３０００形、京成３１００形が京急乗り入れに使用され、こちらも「エアポート快特」としての運行がある。

京成３７００形の「エアポート快特」はスカイアクセス線直通列車で、ふだんは走らず、代走のみ。京成３４００形は、スカイアクセス線には直通しないものの、「エアポート快特」に使用される。

2017年デビューの都営地下鉄5500形

京成3100形は京成16年ぶりの新型一般車両として登場

1991年の北総2期線開業にともない導入された7300形

千葉ニュータウン鉄道が保有し、北総鉄道が管理する9200形

北総鉄道の車両では、7500形や7300形が京急線内に入線する。7500形の「千葉ニュータウン鉄道バージョン」である9200形や、7300形の「千葉ニュータウン鉄道バージョン」の9800形も、京急で走る。

全体的には、京急線内では羽田空港第1・第2ターミナル方面に向かう車両が多い。「エアポート快特」や羽田空港方面の「快特」「特急」には、乗り入れ先の多様な車両が使用される。また、都営地下鉄直通の「快特」「特急」でも、直通先の車両を使用することがある。

京急には泉岳寺・品川—三崎口方面と、都営浅草線方面—品川—羽田空港方面の2つの「列車の流れ」があり、後者で多種多様な車両が使用される傾向がある。

相互乗り入れ車両が守っている共通規格とは

京急のこだわりとして「先頭車両を電動車にする」ことは、ファンにはよく知られている。そして、京急に直通する他社の車両もそのこだわりに沿って製造されている。

たとえば、近年導入された都営地下鉄浅草線の5500形は、全27編成（1編成8両）において、先頭車両が電動車に統一されている。北総鉄道の7500形や7

300形も同様だ。京成電鉄では1991（平成3）年以降、京急に通常ダイヤで乗り入れるようになったため、先頭車両が電動車になっている編成が多い。また、都営地下鉄浅草線内を走る車両は、3扉車で、何かトラブルが起きたときの脱出用として先頭部に貫通扉を設けなくてはならない決まりになっている。

そもそも、「先頭車両を電動車にする」というこだわりを京急が持っているのは、2つの理由がある。

1つは、脱線事故などが起こった際に車両の転覆《てんぷく》が発生しにくいという安全面によるもの。もう1つは、軌道回路の検知を確実に行なうためだ。

レールには微弱な電流が流れており、その電流によって列車の位置を検知する。京急の場合、4両編成から12両編成まで多様な編成があり、先頭車が重い電動車でないと、列車位置を正確かつすばやく把握《はあく》できないのである。列車位置が正確であるほど、分岐器をすばやく転換したり、信号や踏切の開閉操作を早めに行なったりすることでロスを削り、運行間隔の短縮も可能になるわけだ。

そして、複数事業者の車両が混在するために、車両の形式のつけ方も統一している。「系」ではなく「形」を使用し、京急では2000番台以下、京成では3000番台、都営浅草線は5000番台、北総鉄道では7000番台、千葉ニュータウン鉄道では9000番台を使用している。形式のつけ方のルールを統一することで、どの会社の車両が走っているかを明確にすることが可能になる。

このように、複数事業者にまたがって直通運転を行なうためのルールをきっちりと決めることで、相互乗り入れでも混乱が起こらないようにしているのだ。

なお、京急独自のこだわりであり、相互乗り入れを行なう他社も使用しているものに「ボルスタつき台車」がある。「ボルスタ」とは「枕梁《まくらばり》」のことだ。

多くの鉄道会社ではボルスタレス台車を採用しているが、ボルスタレス台車ではねじれすぎると脱線の危険性があることが指摘されている。カーブの多い京急では脱線を防ぐために、ボルスタつき台車を使用しているのだ。

京急を去った名車は、どこで「第二の人生」を送っている?

東京圏の私鉄で活躍していた車両は、導入されてから30年ほど経ち、老朽化が目立つようになると、廃車になるか、地方私鉄に譲渡される。

東京圏で多くの人を乗せて走っていた車両が地方私鉄に移籍し、短編成化し、地域輸送で頑張っているケースはよく見られる。その車両は東急電鉄や京王電鉄などが取り上げられることが多いが、京急の車両も負けてはいない。

京急の譲渡車両は、伊予《いよ》鉄道や近江《おうみ》鉄道を走ったこともあったが、現在は香川県の高松琴平《ことひら》電気鉄道（ことでん）での活躍がメインとなっている。香川県に行けば、過去の京急の名車に会えるのだ。

元京急600形（2代目）は1984（昭和59）年に移籍し、「1070形」となった。京急時代は前面になかった貫通扉を新たに設置し、座席もセミクロスシートからロングシートに変更された。現在は2両編成2本が琴平線で活躍している。

特徴的なのは、行き先表示にサボ（行先板）を使用していることだ。「ことでん」の多くの車両はサボではなく表示幕を使用しているため、同社唯一《ゆいいつ》のものとなっている。

元京急700形には、琴平線で活躍している車両と、長尾線で活躍している車両があり、どちらも「1200形」を名乗っている。琴平線で活躍する1200形は、2003（平成15）年から2005（平成17）年にかけて導入された。いっぽう、長尾線で活躍する1200形は、2006（平成18）年に導入されている。琴平線用は2両編成7本、長尾線用は2両編成4本がある。ただし、両路線で使用可能な車両はなく、それぞれ仕様が異なる。

4扉車でラッシュ時の使い勝手がよく、またカーブに沿ってホームがある駅でも乗降しやすいというメリットがある。

なお、琴平線用のうち1編成は車体が京急の赤いカラーに復刻されている。

元京急1000形（初代）は、琴平線で「1080形」として活躍している。1988（昭和63）年から1991（平成3）年にかけて導入され、2両編成5本が存在する。京急2100形列車をイメージしたラッピング列車や、京急時代の塗色を復刻した編成が、それぞれ1編成ずつある。

また、元京急1000形（初代）は「1300形」として長尾線でも走っている。2007（平成19）年と2011（平成23）年に、2両編成4本が導入された。元1000形のなかでも

琴平線を走る1070形。京急からの移籍時に前面が大改造された

後期に製造された車両で、新製時に冷房も設置済み。京急時代のブレーキ弁や主幹制御器も残っている。ただし、琴平線の1080形と併結《へいけつ》することはできない。

近年、地方私鉄では車体長18メートルの車両が不足している。京急で活躍した車両が「ことでん」で重宝されるのも、地方私鉄の実情に合っているからだといえる。車体長18メートルの車両は、最近は東急電鉄のものが人気だが、京急の車両ももっと、地方の私鉄で「第二の人生」を送ってほしいものだ。

3

大胆アイデアと独創性に驚愕！

運行ダイヤの凄い話

京急には、どんな列車種別が存在している？

関東の私鉄は、ＪＲと比較して細かく列車種別を分けることで、さまざまな利用者のニーズに応《こた》えているところがある。複々線化するなどリソースを拡大して利便性を高めている会社（小田急電鉄や東武鉄道）もあるが、京急は一部区間を除いて複々線は存在しない。

京急の列車種別は、「エアポート快特」「快特」「特急」「急行」「普通」となる。「区間急行」や「快速」という列車種別はない。

説明がシンプルなものから解説していく。「普通」は各駅に停車する。「エアポート快特」は羽田空港第１・第２ターミナルに向かう列車で、品川から羽田空港第３ターミナルまではノンストップ。「エアポート」の名が付いているから、空港関連の列車であることはすぐにわかる。

速達型の列車種別は「快特」と「特急」である。「快特」は「特急」に比べて、若干ではあるが停車駅が少ない。また「快特」は京急久里浜・三崎口《みさきぐち》方面と羽田空港方面の列車のみであるが、「特急」は逗子《ずし》・葉山方面、浦賀《うらが》方面に向かう列車も存在する。

大師線では普通列車のみが走る

快特は京急における最優等種別となっている

中間的な列車種別として「急行」がある。泉岳寺《せんがくじ》・品川―羽田空港第1・第2ターミナル間の列車と、羽田空港第1・第2ターミナル―逗子・葉山間の列車が大半で、ごく一部に泉岳寺・品川―逗子・葉山間を結ぶ列車がある。久里浜・三崎口や浦賀方面へは向かわない。

なお「特急」以下の種別は、空港線の全駅に停車する（「快特」は空港線内に通過駅がある）。京急久里浜―三崎口間は「快特」「特急」のみが走るが、各駅に停車する。この区間は「普通」は走らないのだ。いっぽう、「普通」のみが走る区間もある。大師線の京急川崎―小島新田《こじましんでん》間だ。

各種別は主要駅で緩急《かんきゅう》接続（102ページ参照）するようになっており、乗客にとって利用しやすいダイヤが組まれている。そして種別とは別に、朝時間帯の上りには「モーニング・ウィング号」、夕方・夜間の下りには「イブニング・ウィング号」が運行されていることも記しておきたい。

「エアポート急行」が廃止された意外な理由は？

「急行」は、2023（令和5）年11月のダイヤ改正で出現した列車種別である。それまでは「エアポート急行」と名乗っていた。

「エアポート急行」が登場したのは、2010（平成22）年5月のことだ。泉岳寺・品川から羽田空港方面に向かう列車もあったが、多くの人のイメージに残っているのは「羽田空港方面から来て、京急蒲田で折り返して横浜方面へ向かい、逗子・葉山まで走る列車」というものだろう。

運行スタイルにしても、途中駅での折り返しや、横浜方面からの空港アクセス輸送など興味深い点が多々ある種別だった。

案内表示には飛行機マークが添えられていたが、停車駅も比較的多く、「エアポート」とは関係のない地元ユーザーの利用も意識していた列車だという

約13年間にわたり運行された「エアポート急行」

ことができる。

しかし、2023年11月のダイヤ改正で、京急は1999（平成11）年7月まで存在していた品川と逗子・葉山を結ぶ「急行」を復活させる。停車駅は「エアポート急行」と同じだ。空港方面に向かわないのに「エアポート」という種別名では、とくに訪日観光客の誤乗《ごじょう》を招きやすくなるという理由で「エアポート急行」の名を廃止し、「急行」となったということだ。

かつて存在した「急行」という種別名を採用したのも、廃止されてからすでに20年以上経っているため、当時と停車駅が異なっていても、利用客に混乱は起きないだろうという読みがあったと考えられる。

「快特」と「特急」、どのように役割分担している？

京急には2種類の速達型種別がある。「快特」と「特急」だ。「特急」（ここでいう「特急」は料金不要の速達型列車を指す）は多くの私鉄にあるが、「快特」は京急にしかない種別だ。

「快特」の前身となる「快速特急」が設定されたのは、1968（昭和43）年6月のことだ。当初は都市部からの行楽客、おもに海水浴客への速達サービスとして登場した。

1999（平成11）年7月に「快特」が正式な列車種別名となる。このときにかなりの本数の「特急」が「快特」に置き換えられた。「特急」は本線系統では朝ラッシュ時のみの運行となり、空港線方面がメインとなった。

しかし、2022（令和4）年11月のダイヤ改正では、本線系統にも「特急」が多く設定された。「快特」が主要路線での運行であるいっぽうで、「特急」は大半の路線で運行されるという違いがある。また、主要路線においても「快特」は速達輸送に専念し、「特急」は主要な駅に停車して、細かな需要を確保している。

たとえば、本線の品川—横浜間では「快特」は京急蒲田と京急川崎のみの停車だが、「特急」は2駅に加えて青物横丁《あおものよこちょう》、平和島、神奈川新町に停車する。本線の横浜—堀ノ内間で「特急」のみが停車するのは、追浜《おっぱま》や汐入《しおいり》がある。

さらに、昼間の「快特」は2100形が多く使用されるいっぽう、「特急」は地下鉄直通列車（当然、ロングシート車両）もかなり使用されている。土休日の座席指定車両「ウィング・シート」は、快特の一部列車（当然ながら2100形）のみに見られるものである。

空港線では「快特」が京急蒲田と羽田空港関連の2駅のみに停車するのに対し、

「特急」はすべての駅に停車する。

このように、「特急」が限定的に存在した時期も長かったが、現在のように「快特」と「特急」の役割分担ができているのは、利便性の点から見ても納得できるのではないだろうか。

京急のダイヤ設定には、どのような特徴がある?

京急に限らず、私鉄の基本的なダイヤパターンは「緩急接続」である。とくに本線系統での緩急接続ダイヤは、どの私鉄でも重要視されている。京急も本線での緩急接続に熱心だ。

いっぽう、逗子線や浦賀方面の本線、久里浜線では、一部列車を除いて各駅に停車している。空港線では、エアポート快特と快特以外は全種別が各駅に停車する。この状況から考えると、京急本線の泉岳寺・品川—堀ノ内間での緩急接続こそが、京急のダイヤパターンの醍醐味《だいごみ》といえる。

品川から羽田空港、横浜、三浦海岸方面に向かう列車について、品川駅の平日の日中時間帯ダイヤを見てみよう。11時台を例にとってみる。

00分 快特京急久里浜行き
05分 快特羽田空港第1・第2ターミナル行き
06分 普通浦賀行き
10分 特急三崎口行き
15分 特急羽田空港第1・第2ターミナル行き
16分 普通浦賀行き
20分 快特京急久里浜行き
25分 エアポート快特羽田空港第1・第2ターミナル行き
26分 普通浦賀行き
30分 特急三崎口行き
35分 特急羽田空港第1・第2ターミナル行き
36分 普通浦賀行き
40分 快特京急久里浜行き
45分 快特羽田空港第1・第2ターミナル行き
46分 普通浦賀行き
50分 特急三崎口行き

55分 特急羽田空港第1・第2ターミナル行き
56分 普通浦賀行き

以上の合計18本の列車が発車していく。快特・特急が京急久里浜・三崎口方面に、エアポート快特・快特・特急が羽田空港第1・第2ターミナル方面に、普通が浦賀方面に、それぞれ6本ずつ組み合わされている。

特急は平和島で緩急接続を行なう。空港線内でエアポート快特や快特が通過する駅は、横浜方面と行き来する急行が補完している。

京急川崎も緩急接続がさかんで、神奈川新町では普通列車が長時間停車を行ない、快特や特急を先行させる。神奈川新町以外にも普通列車が長時間停車する駅は多く、優等列車と組み合わせて利用することを推奨《すいしょう》するようなダイヤになっている。普通しか停車しない南太田での長時間停車は気になるが、おそらくは優等列車の通過待ちなのだろう。南太田には通過線がある。

上大岡《かみおおおか》・金沢八景での緩急接続もさかんだ。また、堀ノ内での本線系統と久里浜線系統の接続も重視されている。

緩急接続ができる駅では、上り列車は普通列車から優等種別へ乗り換える案内を積極的に行なっている。いっぽう下り列車は、遠距離の人はまず優等種別に乗ってもらい、目的の駅近くの主要駅で普通列車に乗り換えてもらうことを推奨している。優等種別と普通列車の接続がスムーズな列車は、だいたい10分に1本はあるので、乗り換えの際も、そう焦《あせ》らなくてよいダイヤとなっている。

4両・6両・8両・12両…多彩な編成をどう使い分けている?

関東圏の私鉄は、同じ路線内ではなるべく運行する列車の車両数を同じにする、という考えを持っている。

たとえば、小田急電鉄では本線の新宿寄りの区間を10両編成に統一している。西武鉄道のように、駅施設の関係で都心に近い区間でも8両編成と10両編成を混在させているケースもある。

そのなかで、都心に近い区間でも長編成と短編成が混在して走る京急は珍しい存在だ。多種多様な長さの車両を自由自在に使い分ける、というのが「京急らしさ」であるといえるだろう。

まず、基本となる8両編成は、快特・特急・急行に使用される。都営地下鉄浅草線は8両編成で統一されているため、地下鉄に直通する列車も、都営地下鉄や京成電鉄方面からやってくる列車も8両編成となっている。

6両編成は、おもに普通列車で使用されるが、急行の一部にもある。朝ラッシュ時の上り普通列車や、夕方ラッシュ時の下り普通列車も6両で運行される。

4両編成は、普通列車を中心に使用される。大師線や金沢八景—逗子・葉山間の区間運行列車だけでなく、日中の品川発着の普通列車にも見られる。

だが、4両編成の車両には別の用途もある。本領を発揮するのは、朝夕のラッシュ時だ。8両編成に4両編成を増結して12両編成となり、品川—金沢文庫間での快特・特急に使用される。

大師線はすべての列車が4両編成

朝ラッシュ時には、京急久里浜方面からやってきた8両編成の優等列車に、金沢文庫で4両編成を増結、12両編成となって品川まで多くの人を運ぶ。金沢文庫での増結作業時間は2分程度だ。

品川止まりの列車は品川まで着けばそれでいいが、地下鉄直通列車は品川で4両編成を切り離し、8両編成で泉岳寺方面に向かう。ここでの切り離し時間も2分程度。朝ラッシュ時の増解結《ぞうかいけつ》の作業のすばやさは、さすが京急だといえる。

また、品川で折り返す列車は12両のままで折り返すが、品川で切り離した車両を地下鉄方面からやってきた車両に増結し直し、京急川崎まで12両編成で走る列車もある。朝ラッシュ時は品川から横浜方面に向かう需要もあるのだ。

なお、品川で増結した車両の切り離し作業は、京急川崎ではなく、回送先の神奈川新町で行なわれる。神奈川新町の下りホームは12両編成の降車に対応していないが、切り離し作業を行なうことはできる。

夕方の帰宅ラッシュ時には、品川―金沢文庫間で増結する。そのために、金沢文庫で増結された4両編成プラス8両編成の列車が品川まで送りこまれるという運用もある。

土休日では、平日ラッシュ時よりも遅い時間帯に8両編成に4両編成を増結した

12両編成の優等列車を運行し、お出かけ需要に対応している。

このように、さまざまな編成を時と場合によって器用に使い分ける京急は、ダイヤや車両運用の面でも他社と違って面白い。

京急は「人の力」で動かす！ 迅速な「ダイヤ変更」の秘密

京急の他社にない大きな強みに、トラブルが起きた場合に、迅速に「ダイヤ変更」ができることがある。途中駅で事故などがあった場合、列車の運行を即時に打ち切ったり、別の途中駅から新たに列車を運行させたりするのだ。とにかく列車を走らせて乗客を運ぶという発想であり、沿線住民や鉄道ファンはこの状況を「いっとけダイヤ」と呼ぶ。

なぜ、京急がこのような「離れ業《わざ》」ができるのかといえば、各所に折り返し設備（渡り線）があることが挙げられる。トラブル時には、この設備を活用してトラブル箇所以外での運行を確保する。

折り返しの際には運転士だけではなく、運転士の上位職である運転主任（列車の入れ換えや信号操作を行なう）も駆《か》けつけて対応にあたる。前後の運転台に運転ができる人を乗務させることで、運転士の移動時間を短縮するようにしているのだ。

また、車庫線がある神奈川新町・金沢文庫・京急久里浜に加えて、本線と空港線が分岐する京急蒲田にも運転区を置いている。各運転区にも運転主任がおり、車両の出入庫《しゅつにゅうこ》や交換だけでなく、継電連動装置を使用した信号扱いを行なう運行管理業務にかかわっている。主要駅には信号扱所が設けられており、運転区や信号扱所で、人間が判断しながらダイヤ変更を行なっている。

継電連動装置については、現在、多くの鉄道会社が電子連動装置を採用しているが、電子連動装置はトラブルが起きたときの変更が難しい。自動システムゆえの弱みだ。

いっぽう、継電連動装置はポイント操作や信号機を集中して管理し、電気的に連携させ、脱線や衝突を防ぐ。制御盤には駅構内の線路配線が描《えが》かれており、ポイントや信号を操作する。

この操作を、京急では経験豊富な職員が行なっている。業務中は、指示や乗務員からの無線を皆で共有し、指示を予測して車両や乗務員の手配をすることもある。

こういった作業を機械ではなく、人の手で行なっているからこそ、京急は柔軟なダイヤ変更が可能なのだ。また、そのための設備や車両も有し、ノウハウを多くの鉄道現場で働く人たちが共有できるような環境も整えている。

人間とシステム、それぞれの強みを活かし、人間の判断力の高さを大切にしているからこそ、乗客を困らせることが少ないのである。

京急蒲田の「単線並列区間」はどう活用されている？

京急蒲田駅は、上層を下り列車が使用し、下層を上り列車が使用するという構造になっている。

京急蒲田駅では、本線から空港線が分岐していく。本線は横浜方面へ、空港線は羽田空港方面へと向かう。羽田空港と行き来する列車は、品川方面のみ行き来しているわけではない。横浜方面と行き来する列車もある。

2層となっている羽田空港方面への分岐線は、上層が下り線、下層が上り線と分けられておらず、どちらも上り列車と下り列車が行き来できる「単線並列」の区間となっている。

品川から京急蒲田を経由して羽田空港に向かう上り列車は、上層の線路を使用する。羽田空港から京急蒲田を経由して品川方面に向かう下り列車は、下層の線路を使用する。これは誰でも想像がつくだろう。

しかし列車は、品川方面だけではなく横浜方面にも向かうようになっている。横

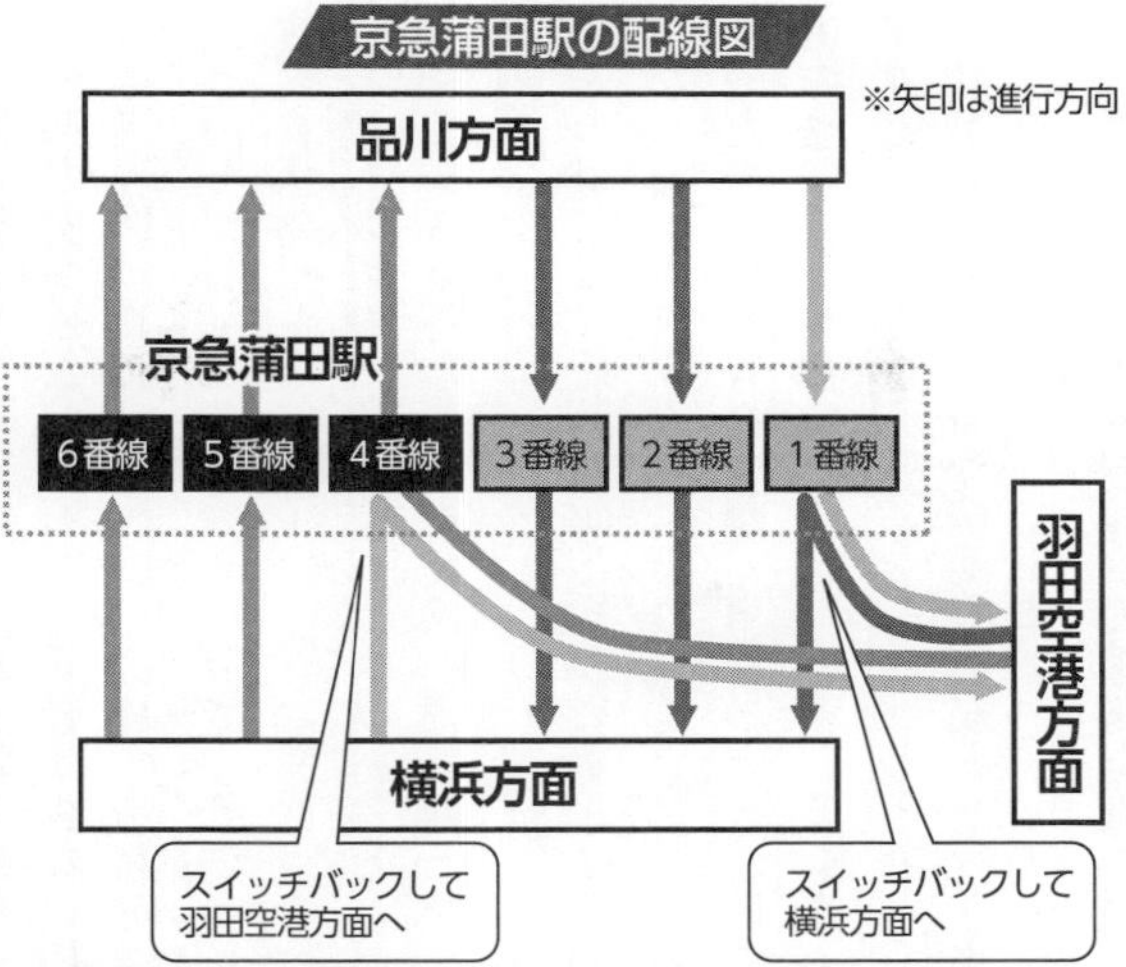

上下線が2層構造となっている京急蒲田駅

浜方面と行き来する列車はどうするのだろうか?

　横浜方面からきた列車は、下層にある上り4番ホームに入る。そこから下層の線路を使用し、下り列車として羽田空港方面に向かう。羽田空港方面から横浜方面に向かう列車は、品川駅からの列車が空港へ向かう上層の線路を使用して下り1番ホームに入る。

　どちらも駅でスイッチバックすることになり、この関係で、空港線の京急蒲田の隣駅である糀谷《こうじや》の直前までは単線並列となっている。糀谷駅で下りと上りが整理される。

　このように、横浜方面と行き来するには、京急蒲田でスイッチバックをしなければならない。デルタ線(三角形状に敷設《ふせつ》された線路)のようになっていればスムーズだったのかもしれないが、車両の向きが逆になってしまうという問題もあり、運用上の難題になっていたことだろう。そもそも、京急蒲田駅の周辺にデルタ線を敷けるスペースもない。

　品川方面、あるいは横浜方面双方と行き来するために、京急蒲田から羽田空港方面に向かう路線は、どちらも上下それぞれの線路として使うことができる。京急蒲田の周辺で羽田空港方面への線路を見ていると、重層構造の高架線それぞれで、列車の上り・下りの行き来が見えて興味深い。

人気の「2100形」の運行ダイヤは公開されている！

京急で人気の車両といえば、快特に使用される2100形である。「快特に乗るなら、2100形にどうしても乗りたい」という人もいることだろう。

では、どの列車に2100形が使用されるのか。その傾向を見てみよう。

前提としては2つの要素がある。泉岳寺・品川発着で、地下鉄線内と行き来しない列車であること。もう1つは、快特・特急といった優等種別であることだ。

2100形がかならず使用される列車としては、「ウィング・シート」(178ページ参照)を連結している土休日の快特が挙げられる。また「モーニング・ウィング3号」は金沢文庫から増結される4両(基本編成4両は1000形「Le Ciel」)が2100形となる。

その他の「モーニング・ウィング号」「イブニング・ウィング号」は2100形8両編成で運行される。

2100形を使用する列車には、以上のような傾向がある。しかし、傾向ではなく、ダイレクトに知りたいという人もいるだろう。

京急電鉄のホームページでチャットボットから「よくあるご質問」を見ると、「運転ダイヤ」の項目で、「○○駅から2100形車両（2ドアの車両）に乗車したい」という質問が並んでいる。

その回答として、品川・京急蒲田・京急川崎・横浜からは下り列車、京急久里浜・三崎口からは上り列車の使用車両が掲載されているのだ。

品川駅発を見ると、平日昼間は京急久里浜行きに、夜は「イブニング・ウィング号」に使用される。土休日は京急久里浜や三崎口方面への列車に使用される。

いっぽう、三崎口駅発を見ると、平日は品川まで行く列車で2100形が使用されているのは1本のみ。土休日は泉岳寺に向かう列車がそれなりにある。京急久里浜発は、平日昼間の泉岳寺行きの列車に多いといった感じだ。

ちなみに、土休日の「ウィング・シート」連結列車も、京急電鉄ホームページで公開されている。2100形に確実に乗りたければ、この列車がもっとも気軽になるだろうか。座って車窓を楽しみたいなら、予約は必須である。

京急は「列車番号」のつけ方も独特！

京急の列車番号の付け方は、JRなどとは異なっている。

まず、JRは奇数の列車を「下り」、偶数を「上り」としているが、京急ではまったく逆。「下り」を偶数、「上り」を奇数としている。これは、都営地下鉄浅草線や、その先の京成電鉄に直通する列車が、泉岳寺駅で列車番号を変える必要がないようにするためだという。また、京急の列車は、すべて電車で運行されているため、JRにあるような電車を示す「M」の表記がない。

数字にも規則性があり、出発時間帯の時間を最初の数字にし、運行番号をそのあと2つの数字にする。たとえば、朝8時台発の下り品川行き普通列車で、運行番号09なら「809」が列車番号になる。

普通列車は、数字のみの列車番号となるが、この数字にアルファベットがつくケースがある。京急線から他路線に直通する列車は「H」、その列車が快特なら「SH」となる。また、2100形が使用されるような、京急線内運用のみの快特は「A」である。

いっぽうで上り列車のみであるが、金沢文庫まで特急で運行し、金沢文庫から快特になるといった列車の場合は「B」がつく。また「B」は堀ノ内—浦賀間といった短距離の特急にも使用される。

京急線内の特急と間合い運用（特急運用の合間を利用して運用される列車）の普通列

車は「C」がつく。浦賀から羽田空港第1・第2ターミナルを結ぶ特急などに使用される。

「D」は羽田空港第1・第2ターミナル—逗子・葉山間の急行を中心に使用されているが、品川方面と羽田空港第1・第2ターミナルとを結ぶ急行には、「D」はつかない。

さらにアルファベットが重なることもある。都営地下鉄浅草線の車両は「T」がつく。京成電鉄の車両は「K」(芝山鉄道含む)だ。北総鉄道などの車両は「N」となっている。なお、京急の車両であっても他社線のみの運用となるときは「H」がつく。

列車番号のつけ方は、相互乗り入れをする各社と共通のものにしていると考えられる。京急は他社を意識して列車番号をつけているのだ。

京急の車両は時速120キロ以上での運転も可能だって?!

スピード感のある走りを見せてくれる京急だが、実際にどれだけスピードが出せるのか、というのは気になるところである。

優等列車専用車両の2100形は、最高運転速度は時速120キロメートルである。しかし、設計最高速度は時速130キロだ。現在の京急で最大の車両数を誇る1000形も同様である。さらにいえば、600形も1500形も同じだ。

京急本線では、品川—横浜間の最高速度は時速120キロとなっている。横浜以南では時速110キロだ。なお、時速120キロで運行できるのは、京急の車両のみ、しかも「快特」のみに限られている。

ではなぜ、全車両が時速120キロで運転することができ、設計最高速度は時速130キロになっているのか。

まず1つは、京急の持つ「速達性へのこだわり」である。なんといっても品川—横浜間は並行するJRとの競争が激しい。

また、きびきびとした走りも要求される。発車後は、最高速度まですばやく到達させたい。そのためには、先頭車を電動車にしたり、信号をすばやく切り替えたりするだけでなく、車両の性能そのものに余裕があることが必要になってくる。つまり、「やっとの思いで時速120キロに」ではなく、「ラクラクと時速120キロに」でなければならないのだ。

そのような意味で、京急の車両は設計最高速度を時速130キロに設定しているのだ。余力があるからこそ、京急の車両は速く走れるのである。

優れた運転技術を支える「C-ATS」とは

人の手による運行が何かと注目される京急だが、じつは自動システムの導入にも熱心な会社だ。1968（昭和43）年には、日本初の電気式ATS（自動列車停止装置）である1号型ATSを導入している。

このATSは、一定の速度に限定されていたものの、複数の速度で比較・照合しながら確認できるようになっていた。しかし、連続で確認できないことと、指示速度以下になればブレーキが緩《ゆる》むというわけではなく、時速45キロメートルまで待たなければならないという問題点もあった。それでは、列車の高密度化にも対応することができない。そこで、より高いレベルで安全に減速でき、運転効率も高いC-ATSを2009（平成21）年より導入することになった。

「C」は、相互直通運転を行なう各社で共通して利用できるという「Common」の意味と、1号型と同じく連続「Continuous」で制御「Control」するという意味が込められている。

このATSでは、停止信号の手前で停止する制御パターンが追加され、速度の比較・照合が、それまでの「点」によるものから連続してできるようになり、なめら

C−ATSの動作概要

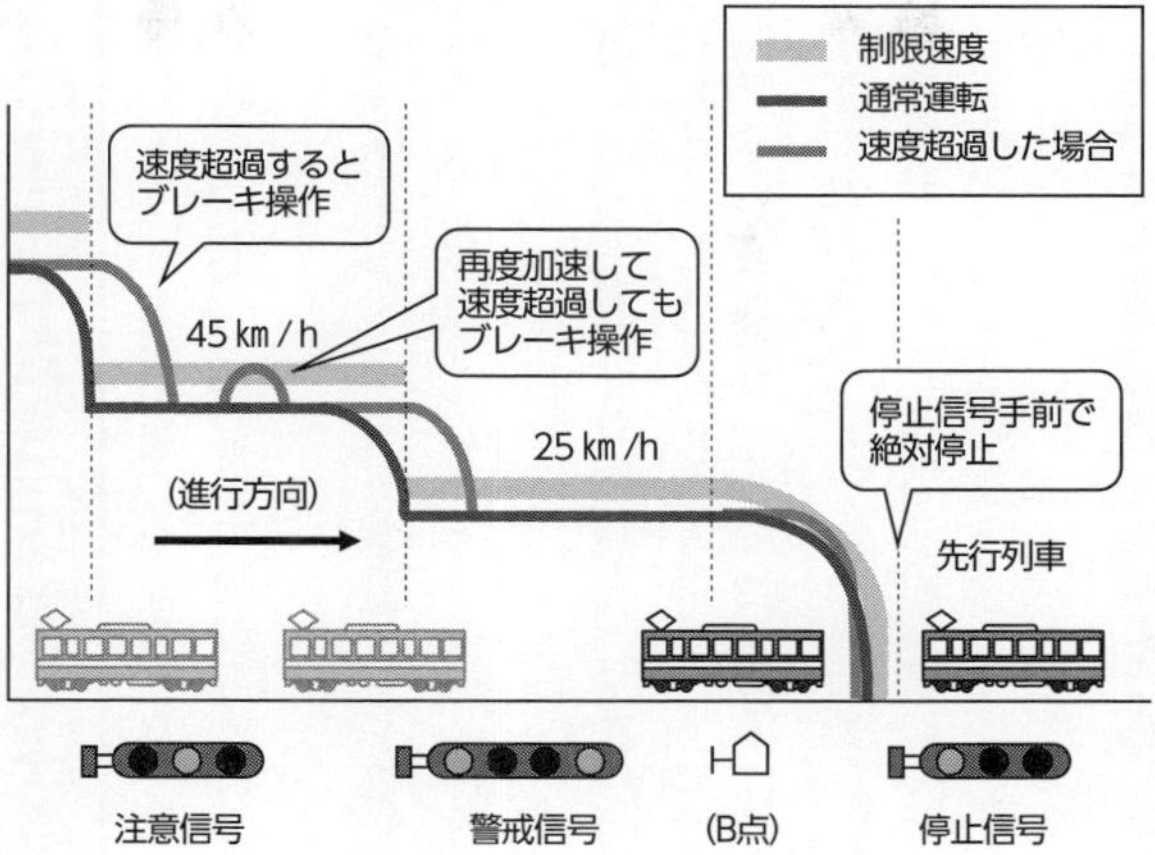

かな運転が可能になった。

また、急曲線や分岐器でも速度をチェックすることができるようにもなった。曲線が多く、さまざまなところに分岐器があり、そして緩急接続の多い京急には必要な機能である。

このように、運転効率や安全性の向上に寄与したのが「C−ATS」なのだ。

この「C−ATS」はデジタルATC（自動列車制御装置）の技術を応用したもので、軌道回路で情報を伝達する機能を持っている。ATSでありながら、ATCのような動きができるのが興味深い。

京急の運転士が運転中に注意している点は？

京急の列車は、前項で述べた「C－ATS」により、自動で列車が停止するようになっている。また、列車集中制御方式により、ポイントなども切り替えられるようになっている。

それならば、運転士は運転にあたって注意することも、苦労することもないのか、といえば、もちろんそんなことはない。

まず京急では、閉塞《へいそく》区間（1つの列車が入ることができる一定の区間）ごとに信号が列車の外に立っており（車内信号ではない）、その表示にしたがって列車を加減速しなくてはならない。信号の色や数、点滅の仕方で、どのように運転すべきかも決まっている。つまり、「C－ATS」の助けこそあるが、運転士の高い注意力があって初めて安全な運行ができるというわけだ。

また、京急はカーブに沿うように設けられたホームが多く、車掌と協力して乗降時の安全を確保しなければならない局面が多い。ドア閉め時はとくに協力態勢が求められる。

列車によっては編成両数が異なるため、ホームの停止位置などにも注意しなくてはならない。列車種別も複数あるため、次駅が停車駅かどうかを確認することも必要だ。

さらには、途中駅で増解結することもある。増解結作業の際も無線を使って係員とやりとりしながら、安全を十分に確認して行なっている。

ダイヤ乱れの際も、注意すべきことがたくさんある。京急では、乗務員と司令室とのやりとりを音声で行なうことが多い。列車によっては、運行途中に行先や種別が変更となることもある。そのために運転士は、司令室とのやりとりをこなしながら、臨機応変に対応する必要がある。

京急の運転士は、他社の運転士に比

京急1500形の運転台

べて、信号など注意しなくてはならないことが多くあり、それゆえに高い能力が必要とされるのだ。

伝統の「大みそか終夜運転」がなくなった理由とは

京急はかつて、大みそかから元日にかけての終夜《しゅうや》運転に力を入れていた。川崎大師に向かう人のために、大師線はもちろんのこと、本線系統でもひんぱんに運行していた。

大師線の車両には、かつては毎年元日から2月の節分の頃まで、その年の干支《えと》をあしらったヘッドマークが掲出《けいしゅつ》されていた。しかし、マークの掲出が可能な1500形が大師線での運転を終了すると、その伝統もなくなってしまった。いっぽう、品川方面から大師線に乗り入れる列車も運行され、行先表示板はダルマをあしらったデザインを施《ほどこ》したものだった。

ところが、その終夜運転は現在ではなくなってしまった。2020（令和2）年12月31日から2021（令和3）年1月1日にかけての終夜運転が、新型コロナウイルス感染症の拡大により取りやめになって以降、復活していない。

以前、京急電鉄に取材したところでは、終夜運転は動力費がかかるということだった。エネルギー価格の高騰《こうとう》にともなって電気代なども上がり、ひと晩じゅう電車を走らせても採算がとれないという状況になっているのだ。

いっぽう、京急は初日の出を見るための列車も運行している。終夜運転がなくなってもこちらの列車は健在で、2025（令和7）年1月1日は、朝4時57分品川発の特急「初日号」が走った。三浦海岸駅への到着は6時10分であった。

この「初日号」、新型コロナ禍前は都営地下鉄浅草線の浅草橋発の列車も設定されていた。2扉車の2100形が使用され、三浦海岸着ではなく三崎口着。そこから城《じよう》ケ《が》島《しま》方面への直行バスに接続していた。

さらに2017（平成29）年から2020（令和2）年には、元日に「みうら元旦号」を運行していた。この列車は貸し切り列車で、乗車は事前申し込み制。車両は2100形であった。

ダイヤも深夜に川崎大師での初詣を終えたあと、三浦海岸での初日の出に間に合うように設定され、初詣と初日の出の両方を楽しめる列車だった。

京急の運転士にはどうすればなれる?

京急ファンのお子さんのなかには、将来「京急の運転士になりたい!」という人もいることだろう。

では、京急の運転士には、どうすればなれるのか。『鉄道ピクトリアル』2017年8月臨時増刊号【特集】京浜急行電鉄」に掲載された「駅、乗務区、運輸区のあらまし」を参考に、このコラムにて、その歩みを追ってみよう。

京急の運転士になるためには、鉄道現業職の「運輸」部門で採用される必要がある。そして、採用されたとしても、すぐに運転士になるための訓練を受けられるわけではない。

まずは駅係員の業務を2年は経験し、その後、車掌の登用試験を受ける。そして、車掌を2年経験したのち、社内の運転士登用試験に合格しなければならない。合格すると、国土交通省の指定を受けた動力車操縦者養成所「育成センター」に入所することになる。

育成センター入所後は約4か月間かけて学科講習を受け、運転法規や車両、線路、電気・信号について学ぶ。学科修了試験を突破したら、各乗務区に配属され、約5か月のあいだ指導運転士と乗務し、技能講習を受ける。

これらの課程を修了したのち、国家試験である技能修了試験を受け、合格すると「甲種《こうしゅ》電気車運転免許」（電車）を手にすることができる。そしてようやく、京急の運転士として独《ひと》り立ちするのだ。

現在は京急電鉄に正社員で採用され、駅係員から車掌、運転士になっていくというキャリアを歩んでいく。

かつては「京急ステーションサービス」という京急電鉄の子会社に契約社員として駅係員に採用され、そこから運転士への道がスタートするケースもあった。その場合、車掌に任命されるまで京急電鉄への転属は不可能だった。

ただし、２０１７（平成29）年10月に「京急ステーションサービス」は京急電鉄に吸収合併されたため、現在はこのようなケースはない。

京急の運転士になるには「座禅」の心得も必要

京急では、電車の運転士を育てるというよりも、「京急の」運転士を育てるという意識で運転士の養成を行なっている。

そのため、養成課程に座禅を取り入れるなど、精神修養の面も大きく重視している。

学科の講習では、毎日朝礼を実施し、「運転安全規範綱領」の唱和《しょうわ》、３分間スピーチを輪番《りんばん》で行なっている。宿泊研修でも、規律訓練やスポーツ実技などのハードな訓練を課す。いずれも、積極性や自立心・協調性を身につけてもらい、京急らしいパーソナリティを持ってもらうという目的がある。

また、体力づくりには、強い精神力を持ってもらい、その精神力に合致《がっち》した健全な身体育成という狙いもある。

京急での運転士育成のモットーは「規律」「友愛《ゆうあい》」であり、「規律」を重んじることを第一にしている。つねに「形」を整えることを意識させ、精神面での乱れを防ぎ、人間性を示すことができる運転士を育成しようとしている。その基盤が基本動作の徹底とミスを防ぐことになり、安全につながるという考えだ。

そして、「友愛」については、「人間尊重」の精神で、職場内のよい人間関係をつくろうとしている。

京急の運転士になるには、運転のみならず、しっかりとした精神力も持っていないと難しいということだ。

4

行って、見て、確かめたくなる！

駅の凄い話

なぜ、京急の駅数は並行するJRと比べて多い？

京急は、駅を細かく設定している。ＪＲ東海道本線（上野東京ライン）や京浜東北線と〝直接対決〟している品川―横浜間はよく知られているが、横浜―京急久里浜（ＪＲは久里浜）間も、ＪＲ横須賀線と並走しているわけでもないのに駅の設定が細かい。

まず、品川―横浜間では、東海道本線は川崎にしか停車しない。京浜東北線の停車駅は大井町・大森・蒲田・川崎・鶴見・新子安《しんこやす》・東神奈川となる。

ＪＲのこの区間の営業距離は22・0キロメートル。東海道本線の平均駅間距離は11キロ、京浜東北線は2・75キロとなっている。いっぽう、京急の同区間の営業距離は22・2キロ。駅数を数えると、なんと25駅にもなる。平均駅間距離は0・93キロだ。

この区間での東海道本線や京浜東北線とのデッドヒートは、沿線住民の方にはおなじみの光景だろう。駅間距離の短さを考えれば、京急はかなりがんばっているといえるのだ。

では、ＪＲの東海道本線や京浜東北線に比べ、なぜ京急のこの区間は駅が細かく設定されたのだろうか。

ほかの鉄道会社にもありがちなことではあるが、私鉄では駅を多く設定してこまめに地域のニーズを拾い上げようとする傾向がある。とくに京急のように路面電車を発祥とする会社は、この傾向が強い。さらに京急は列車種別を細かく設定することで、地域需要だけでなく、速達需要にも対応している。

いっぽう、東海道本線は長距離利用者をターゲットとし、都市部では駅を極力少なくして遠距離への速達性を重視している。また、京浜東北線も沿線の利用客を対象にしてはいるものの、もともと東海道本線の近距離区間を移行した路線だから、駅数が少ないのだ。

横浜―久里浜間はどうだろうか。JR横須賀線の営業距離は41・6キロ、駅数は13となっている。平均駅間距離は3・47キロだ。いっぽう京急は、営業距離が34・6キロと横須賀線より7キロも短い。駅数は25。平均駅間距離は1・44キロとなっている。

なお、ここまで距離に差があると、運賃は京急のほうがずっと安くなる。交通系ICカード使用でJRは736円、京急は455円である。

京急の区間の大半は、湘南電気鉄道によって開業した。湘南電気鉄道は郊外輸送と観光輸送に力点《りきてん》を置いたビジネスモデルを目指したため、駅間距離は都市部よりも若干長めになった。それでも、駅を細かく設置することで、多くの利用者を確保したいという考えはあったようだ。

このように、京急は多くの地域住民に利用してもらうべく、並行するJRに比べて駅間距離を短くしているのである。

品川駅大リニューアル。完成後の姿はこうなる!

京急では現在、泉岳寺から品川・北品川・新馬場《しんばんば》のあいだで連続立体交差事業を実施しており、それとあわせて「品川開発プロジェクト」を進めている。このプロジェクトはJR東日本と一体となって、品川エリアを大規模に変えるものだ。

まずは、連続立体交差事業から説明しよう。この事業は、泉岳寺から新馬場までの踏切を除却《じょきゃく》し、立体交差にするというものだ。あわせて、品川駅を高架ホームから地平ホームにする。八ツ山橋《やつやまばし》の踏切などをなくし、品川駅ホームをJR東日本やJR東海のホームと同フロアにすることで、品川エリア内の行き来を、より楽なものにする。京急の品川駅はホームが2面3線から2面4線になり、北品川駅は地上駅から高架駅に変わる。

京急品川駅地平ホーム化の手順

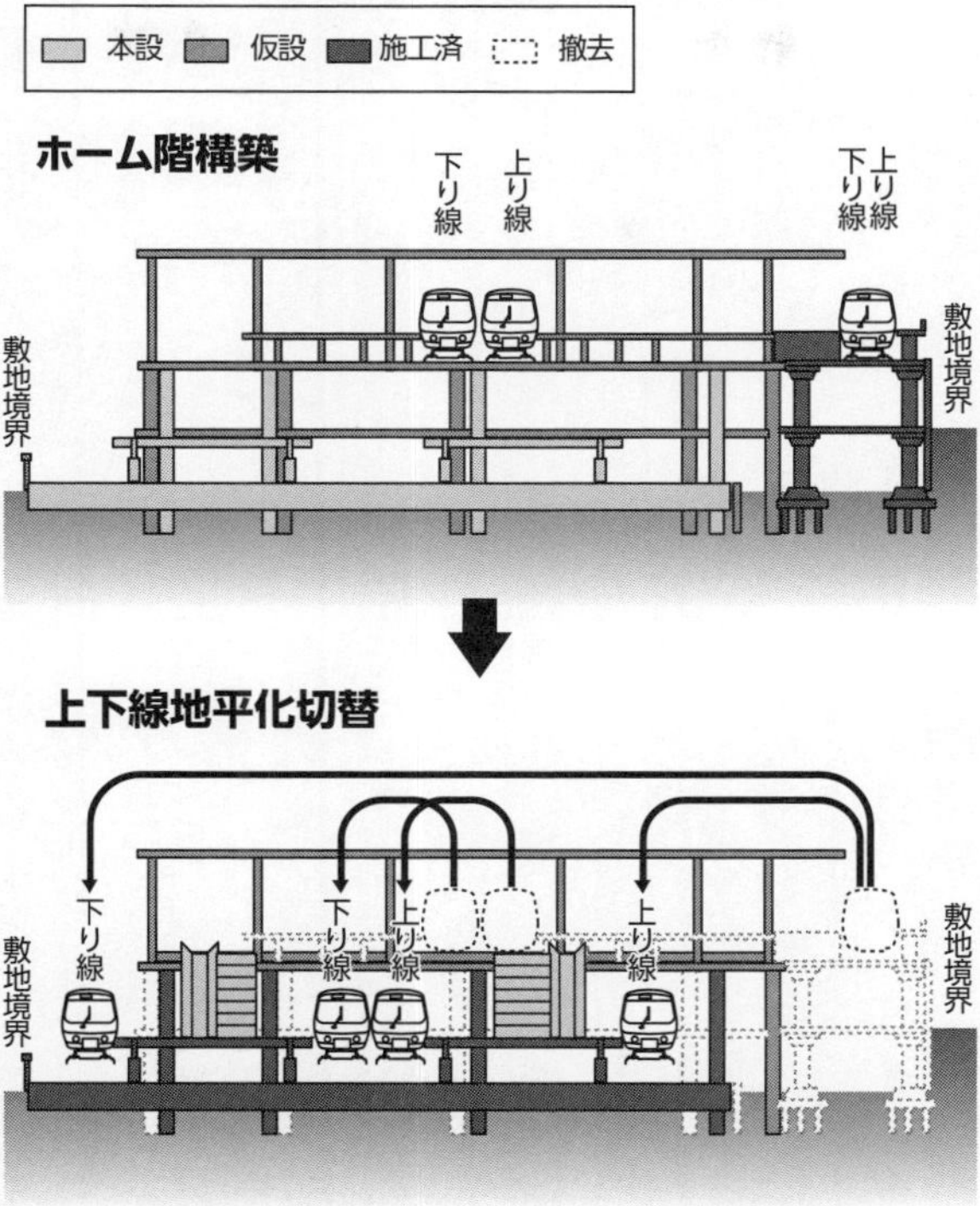

現状の３番線以外の高架橋を仮設構造に作り替えたのち、
仮設高架橋の下に新ホームを建設し、線路を地平化する。
その後、仮設高架橋を撤去し、コンコースを建設する流れとなる

出典：東京都 港区 品川区 京浜急行電鉄株式会社「京浜急行本線（泉岳寺駅～新馬場駅間）連続立体交差事業及び工事の概要」を参考に作成

再整備後の品川駅周辺のイメージ

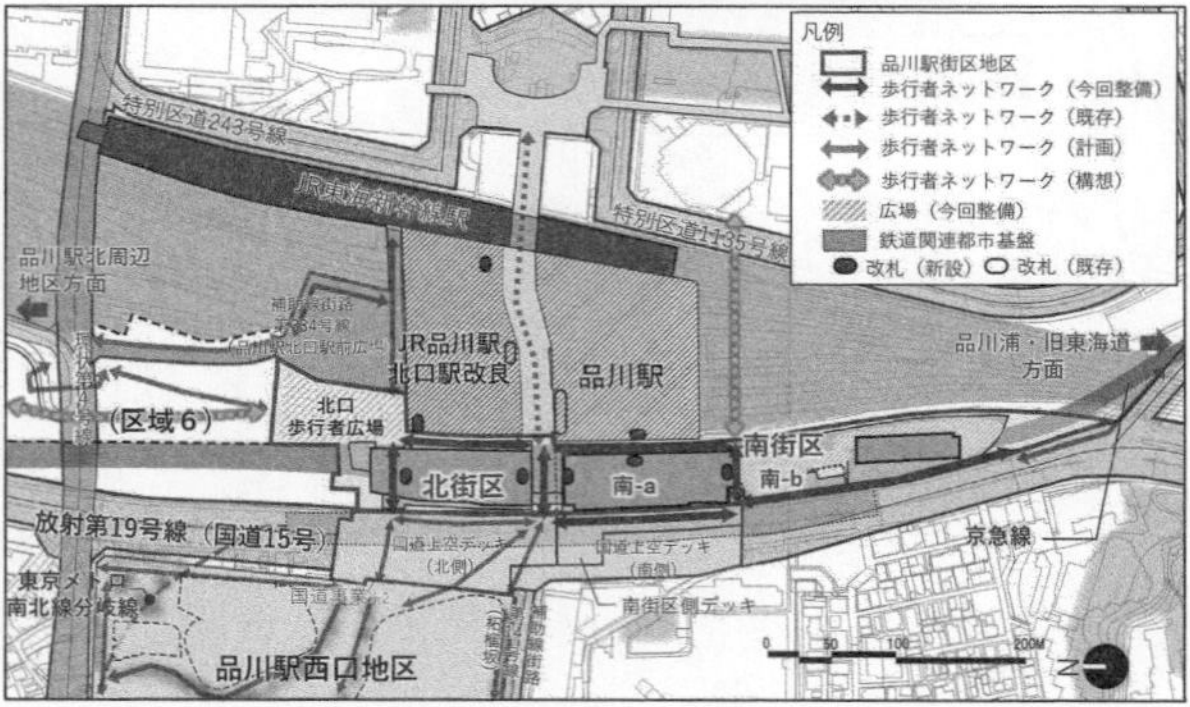

*京浜急行電鉄株式会社、東日本旅客鉄道株式会社「都市再生特別地区（品川駅街区地区）都市計画（素案）の概要」より

八ツ山橋をわたる「YELLOW HAPPY TRAIN」。
やがて、この光景も過去のものとなる

品川開発プロジェクトでは、店舗や事務所が入居する複合ビルや、大きな宿泊施設だけでなく、ビジネス協働支援施設やビジネス交流施設も設け、新たな価値や文化を創出するダイバーシティプラットフォームになることを目指している。

また、品川駅周辺のアクセス性のよさから、都市機能を高密度に集積させた「国際交流拠点・品川」を形成することも目指しており、今後は東京メトロ南北線が品川まで延伸する。リニア中央新幹線の発着駅も品川となることから、京急やJR東日本だけではなく、JR東海や行政も関与する一大プロジェクトとなる。

再開発前の複雑な動線を解消し、京急の品川駅のみならず、品川エリア全体を都市の拠点として整備する。京急のターミナル・品川駅は将来、交通網上の結節点《けっせつてん》としての役割が強化されるだけでなく、国際的なビジネスの中心地ともなるのだ。

品川駅のホームが4色で彩られている理由

品川駅の1番ホームは、羽田空港方面に向かう列車もあれば、京急久里浜・三崎口方面に向かう列車もある。浦賀行きの普通列車というのもある。2扉車もあれば3扉車もある。

ターミナル駅では、混雑時にもスムーズに乗車を行なってもらうために、ホームに乗車位置や整列のガイドとなるマークや枠線を示しているが、京急の品川駅は乗車位置が2扉と3扉の2パターンあり、種別も行き先もさまざまだ。どのように整理を行なっているのだろうか。

まず、ホームにはそれぞれの方面別に並ぶ位置が示されている。そこには、赤・青・緑・黒の4色の枠と、黄色の丸印で並ぶ位置が示され、列車の編成両数も記されている。

赤枠は横浜方面への都営地下鉄線からの快特・特急列車。青枠は羽田空港方面への列車である。緑枠は横浜方面への泉岳寺・品川始発の列車と、品川で後ろ4両が増結される列車だ。黒枠は、すべての普通列車となっている。

ちなみに黄色の丸印は、2扉車に乗る際に並ぶ位置であることを示している。2扉車とはもちろん、快特などに使用される2100形だ。ドアの正面となる位置には黄色い矢印があり、降りる人の通路となっている。

また、駅の案内表示や案内放送では、次はどの種別の列車が何両編成で入ってくるかをつねに告知している。それにしたがって、ホームのどこに並べばスムーズに乗れるのか、わかる仕組みができているわけだ。

ちなみに、2017(平成29)年4月まで、この整列位置は2種類しかなかった。

「泉岳寺・品川始発の快特・特急」と「都営地下鉄浅草線から来る快特・特急や羽田空港方面列車」の2つのみだったのだ。

そのため、羽田空港方面の利用者と横浜や京急久里浜・三崎口方面の利用者の列が分けられていないことに、訪日観光客を中心に不満の声が上がっていた。しかも、普通列車の乗客は、並ぶところさえも決まっていないという状況だった。

その状況を改善するために、目的地の方向によって並ぶ位置を示す4色の枠をつくったのである。

こうして、品川駅のホームはカラフルになったのだ。

行先や種別によって整列位置が色分けされている

路線図に存在しない幻のスポット「新品川駅」とは

京急ファンのあいだで「新品川」と呼ばれる〝駅〟がある。しかし、京急の路線図にはそんな駅名は存在していない。どういうことなのだろうか。

品川駅の北側には、泉岳寺に向かう線路のほかに2線の引き上げ線が存在し、品川折り返しの列車に対応している。引き上げ線は12両編成が入る長さとなっており、その脇には業務用の昇降台《しょうこうだい》が設置されている。引き上げ線、あるいは車庫線に設置されているこの昇降台のことを、京急の職員が親しみをこめて「新品川駅」と呼んでいるのだ。

この〝駅〟は1981（昭和56）年に引き上げ線を8両編成対応から12両編成対応に延長する工事の際に設けられた。

2023（令和5）年3月には、1000形「Le Ciel」を使用した「新品川駅」限定公開ツアーが実施された。京急の駅番号にはすべて「KK」がつけられており、72までが実在するが、このツアーの際には新品川駅に「KK73」が設定された。

「新品川駅」で使用されている業務用の昇降台は、運転席のみが使用できるホームのようになっており、屋根もついていれば、駅名標もある。その先にはスロープがある。つねに使用される〝駅〟ではないが、ホームや車内清掃で集めたごみを引き上げ線に入る列車で運び出す際に使用され、乗務員用のトイレも設けられている。

先にも述べたとおり、現在品川駅では東京都による泉岳寺―新馬場間の連続立体交差事業が進められている。2029年度には、品川駅に地上2面4線のホームが完成予定だ。その際に引き上げ線も地上に敷かれるため、「新品川駅」は〝廃止〟となる。

まるで要塞！京急蒲田駅はホームだけでなく構内も複雑

高架化され、巨大化した京急蒲田駅は、駅の外から見てみると大きくて迫力がある。こんなに「重み」を感じられる駅はなかなか見られない。一種の要塞《ようさい》のようにも思える駅だ。

京急蒲田駅は、羽田空港方面へのアクセスを抜本的《ばっぽん》に改善し、第一京浜（国道15号線）の踏切をなくすために、重層高架構造となっている。2012（平成24）年10月に高架化工事がすべて終了した。

1階が改札階、2階がおもに上り列車が、3階がおもに下り列車が発着するホームとなっているが、羽田空港方面から横浜に向かう列車が3階から、横浜から羽田空港方面に向かう列車が2階を使用しており、この両階から空港線方面に向かう線路が上り列車・下り列車とも走っている（110ページ参照）。

ホームは2階3階合わせて、2面6線となっている。横浜寄りに切り欠きホーム（ホームの一部を切り取った形状で、そこに行き止まりの線路を設けたもの）があり、その外側には通過線も存在する。つまり、1面あたり3線を使用することができ、ホーム自体の長さは18両分もある。

1番ホームと4番ホームは8両ぶんの長さであり、空港アクセス列車がおもに使用する。2番ホームと5番ホームは6両ぶんの長さで普通列車を意識している。3番ホームと6番ホームは、本線の12両編成に対応している。

つまり、京急の運行形態をフルに引き受けるために、大規模な2層ホームができているわけだ。

先に、1階は改札階と記した。しかし、1階部分も高架である。京急蒲田駅の1階はペデストリアンデッキとなっており、隣にある複合施設「あすとウィズ」と接続している。「あすとウィズ」では2階にあたる。

京急蒲田の駅舎内には、「Wing kitchen」という京急系の商業施設が入っている。この施設のなかでは、改札があるフロアは「M2階」であり、地上にあるのが「1

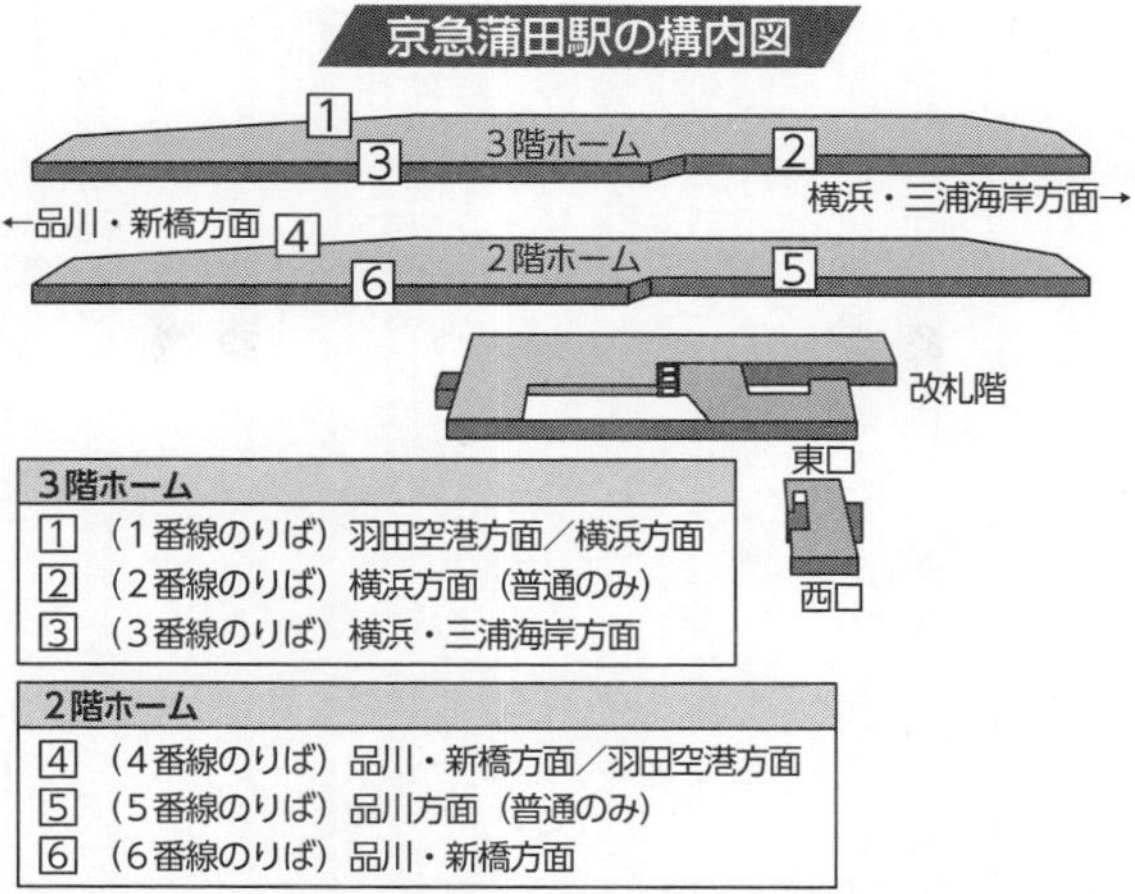

切り欠き式になっている京急蒲田駅2番線ホーム

階」となっている。

複雑な高架駅、さらに施設によってフロアが違うという、面白い構造になっているのが、京急蒲田駅なのである。

惜しまれつつ消えた京急川崎駅の「パタパタ」とは

いまでは多くの駅で、案内表示がＬＥＤ（発光ダイオード）となっている。ＬＣＤ（液晶ディスプレイ）を採用している駅も多く見られる。

しかし、京急川崎駅の本線ホームでは、２０２２（令和４）年2月11日の終電まで、「パタパタ」と呼ばれる「フラップ式列車発車案内表示装置」を使用していた。全国的にはすでに希少《きしょう》となっており、京急だけでなく、首都圏でも京急川崎駅に残るのみとなっていた。

京急では１９８６（昭和61）年に初導入されたパタパタ。最後まで京急川崎駅に残ったのは、２００１（平成13）年に導入されたものだった。２００１年当時のＬＥＤでは、まだ表示できる情報量が少なかったため、パタパタを更新したという。

パタパタ自体は、１９５５（昭和30）年ごろには全国各地に登場している。国鉄やＪＲの駅でもよく見られた。同様の構造のものは、空港の発着案内などにも使用されていた。

　パタパタは、列車の行先や種別、発車時刻を上下に分割した薄い板（フラップ）を回転させることで表示する。しかし、外国語表示の必要性や駅名変更などへの対応、緊急時に情報発信が臨機応変にできないという課題があった。さらに、経年ゆえの不具合も多く出てくる。そこで京急は、35年間にわたるパタパタの使用を終了することにしたのだ。

　引退の際、京急では「パタパタ」発車案内装置引退記念特別ナイトツアーを実施した。その際には、ふだんは表示されない行先や種別をサービスで表示したという報道もある。また、記念

京急川崎駅に設置されていた「パタパタ」

乗車券やグッズの販売も行なわれた。レトロな感じがした京急のパタパタは、多くの人に愛されていたのである。

ご当地メロディが充実…京急「駅メロ」の世界

京急は、ふだんから車両の特別塗装やコラボラッピング、駅名「変更」のイラストなどで視覚的に私たちを楽しませてくれるが、聴覚の面でも同様だ。

「ドレミファインバータ」（78ページ参照）はなくなってしまったものの、駅の接近メロディにご当地ゆかりのものが使用されており、耳に心地よさを与えてくれる。なお、発車案内は車掌のアナウンスによるもので、「ダァ、シェイエス」と聞こえる「ドアを閉めます」のアナウンスとなっている。

２００８（平成20）年7月から8月にかけて、京急では「京急駅メロディ大募集」と題して、駅メロディを公募した。そこで選ばれた駅メロディが16駅に採用され、それに品川駅のメロディを加え、17駅で導入した。おもなものとして、横浜駅の『ブルー・ライト・ヨコハマ』と横須賀中央駅の『横須賀ストーリー』が知られている。

『ブルー・ライト・ヨコハマ』は１９６８（昭和43）年に発表された、いしだあゆみの大ヒット曲。横浜の高台から見た工業地帯の青い灯をイメージしたものだ。

『横須賀ストーリー』は1976〈昭和51〉年に発表された、山口百恵の楽曲だ。山口百恵は小学校2年生から中学校2年生までを横須賀市で過ごした。「急な坂道駆けのぼったら……」という歌詞のモデルとなった「これっきり坂」も市内にある。坂の先には平和中央公園があり、市街地と東京湾が一望できる。

京急川崎駅は、坂本九の『上を向いて歩こう』（1961〈昭和36〉年発表）である。JRの川崎駅も同様だ。川崎市は坂本九の出身地である。

駅前の商店街が小田和正の出身地である金沢文庫では『my home town』（1993〈平成5〉年発表）が使用されている。この曲で、小田和正は生地への想いを歌った。青物横丁では島倉千代子の『人生いろいろ』（1987〈昭和62〉年発表）が流れる。こちらも出身地に近い。

ちなみに、品川駅は公募曲ではなく、音楽グループ「くるり」の岸田繁《きしだしげる》が作詞・作曲した『赤い電車』が使用されている。鉄道ファンでもある岸田繁が京急の電車をイメージしてつくったものだ。この曲は羽田空港第1・第2ターミナル駅でも使用されている。

なお、当初の17駅から駅メロディ使用駅は拡大しており、現在では23駅で導入されている。

鉄道を狙うテロに、どのような対策をしている？

京急電鉄では、鉄道を狙った妨害行為などに対応できるよう、2007（平成19）年から鉄道妨害対策訓練を実施している。

コロナ禍の影響で実施できない年もあったが、現在は毎年実施している。筆者は第14回目の2021（令和3）年5月の訓練を「マイナビニュース」の仕事で取材した。

この訓練では、妨害行為の際の初動対応の確認や、関係箇所・関係機関への連絡・通報、そして実践的な避難誘導を行なうことで、警察や消防など関係機関との連携強化を図り、京急職員の意識を高めることが目的となっている。

取材時の訓練は、京急川崎駅の大師線用1番線ホームで実施された。列車を待つ車いす利用者や白杖《はくじょう》を持った人も含む列のなかに潜《ひそ》んでいた不審者が、突然スプレーを噴射し、さらには不審物をその場に置いて逃走した……というシチュエーションである。

初動対応は、以下のとおりだ。体調に問題のない利用者は、ホーム奥に停車していた車両（訓練時は1500形が使用された）へと誘導する。

駅助役はまずは消防に通報し、その後警察にも通報。消防への通報を先に行なったのは、体調不良を訴えた人のためだ。警察には、不審者が不審物を置いて改札外に逃走したことを伝えた。

通報を受けて、消防や警察が到着。防護服を着た消防士が体調不良を訴えた人の救助を行なう（訓練では人形を使って行なわれた）。警察（神奈川県警川崎警察署）は、爆発物処理班を手配する。爆発物処理班は不審物をエックス線撮影し、爆発物の可能性が高いと判断。マジックハンドで回収した。このあいだ、大師線の営業列車は2番線だけでさばいていた。

訓練後の講評で川崎消防署長は「的確な連携が行なわれた」と語り、京急電鉄の役員は、「見せる警備を」と語った。

このように、京急の駅ではトラブルが起きた際に迅速《じんそく》な対応ができるように訓練が行なわれている。駅員は消防や警察と連携しながら、鉄道利用者を守ろうとしているのだ。

乗降客が多い横浜駅のホームが「2面2線」しかない理由

京急の横浜駅は、駅別1日平均乗降人員が同社内1位の29万3173人（202

3〈令和5〉年度）となっている。

そして、その大量の乗降客を2面2線のホームでさばいているという現状があある。利用者数が1位となる駅ならば、緩急接続なども考えて2面4線くらいはあってもいいように思えるが、そもそもそんな大きなスペース自体が京急の横浜駅にはない。

しかも上りホームには、外せばそのまま下り列車に乗り込めてしまえるような仕切りまである。なぜ、このようなかたちになっているのだろうか。

1930（昭和5）年2月、京急の横浜駅が本開業した際には、島式（ホームの両側が線路に接している形式）の1面2線だった。1944（昭和19）年に上下線でホームを分ける2面2線になったが、上下線でホームの位置がずれており、下りホームが若干品川寄りにあるというものだった。

その後、1974（昭和49）年5月に島式ホームに再改良した。横浜駅の利用者が増大したため、幅の広いホームにするためだ。その幅は最大で10・5メートルとなった。

ところが、横浜駅の利用者はさらに増加の一途《いっと》をたどった。京急はその状況を改善するために、島式ホームの外側に下りホームを設ける。2006（平成18）年7

月のことだった。

現在の2面2線のホームは並行しており、かつての変則的な2面2線のホームとは異なるものになった。ホームの長さは12両編成に対応しており、京急のすべての列車が停車することができる。2019(令和元)年9月には、ホームドアも設置され、利用客の安全性も向上した。

多くの乗降客をさばくため、緩急接続ができるスペースがなくても可能な限りホームを拡張したいっぽうで、上りホームと下りホームのあいだが、仕切りを設置する必要があるほど接近している、というのが現在の横浜駅なのである。

1番線と2番線のあいだには、仕切りとなる柵が立つ

浮き上がって見える案内表示「錯視サイン」を導入！

羽田空港第3ターミナル駅では、旧駅名の羽田空港国際線ターミナル駅時代の2019（平成31）年1月より、錯覚を利用した案内サイン「錯視《さくし》サイン」を設置している。

この駅では、品川方面への2番ホームに向かう改札を通ってすぐの場所に、エレベーターが設置されている。

しかし、改札を抜けてホームに向かう乗客には死角となる位置だった。立て看板による案内もあったが、それに気づかず、改札から離れた位置にあるエスカレーターへ向かう人が多かったのだ。

大きな案内表示を設置したくても、そのスペースがない。そこで床面を利用するという発想が生まれ、目の錯覚で立体に見えるような案内サインを設置することとなった。

実際に目にして見ると、「ホーム行き」の案内表示が床から浮かびあがるように示され、「→」の表示もある。この案内があることで、エレベーターの存在がわかりやすくなった。障害を持つ人の通行の妨《さまた》げにもならず、訪日外国人にもわかりやすい案内だ。

錯視サインの作成にあたっては、錯視研究の第一人者である明治大学の杉原厚吉特任教授（現在は明治大学先端数理科学インスティテュート研究特別教授）が協力した。

錯視サインが導入された際には、杉原特任教授の立体錯視作品展示が約3か月間にわたって開催された。

また、京急の車両が飛び出すフォトスポット「飛び出す！赤い電車とけいきゅん」も設置されており、ここで記念写真などが撮れるようになっている。このように、京急は案内表示でも新しい取り組みを積極的に試みているのだ。

エレベーターへと誘導する「錯視サイン」

京急で実証実験が行なわれた「動く案内サイン」とは

京急の案内サインには、前項で取り上げたように床面に貼り付ける方法もあれば、床面に画像を投影する方法もある。

京急は、2019（令和元）年10月から11月にかけて、アニメーションを活用した案内サイン「アニメーションライティング誘導システム」の実証実験を羽田空港国際線ターミナル駅（現在の羽田空港第3ターミナル駅）で行なった。

このシステムは「動くサイン」といっていい。三菱電機株式会社が灯具《とうぐ》やプロジェクターを用いてアニメーション図形を投影するというもので、アニメーションで表現することで文字を読まなくても理解できるようになっている。訪日外国人にも理解しやすく、目線が低い子どもにも見やすい。

実証実験はラグビーワールドカップ日本大会の開催期間中に、羽田空港国際線ターミナル駅の改札口やエレベーター付近など4か所で行なわれ、実際に使い勝手のよいものかどうかが検証された。

そして、翌2020（令和2）年4月、三菱電機はこのシステムを「てらすガイド」として発売を開始した。設置が簡単で、案内業務の低コスト化を実現でき、ほかの設備との連携も可能だ。JR東日本の新宿駅ではすでにこのシステムを導入しており、エレベーターの案内に使用されている。

京急で試験的に使用されたシステムが、ほかの鉄道会社の役に立っているという興味深い話である。また、こういった新しい試みに、積極的に協力した京急の先進性も高く評価したい。

大師橋駅の白い駅舎のモチーフとなった意外なものとは

大師線の「大師橋《だいしばし》」は、駅名変更以前は「産業道路」という名であった。開設は1944（昭和19）年6月。大師線と交《まじ》わる産業道路に由来した名前である。

駅の周辺は「大師河原」と呼ばれる地域であり、産業道路が多摩川を渡る橋に大師橋の名がついている。そのため、地元住民を中心に以前から駅名変更を望む声が上がっていた。

2019（平成31）年1月、公募を経て駅名を「大師橋」と変更することに決定。2020（令和2）年3月に駅名が変更された。

大師橋駅の変化は、駅名だけではない。2019年3月には地下化している。当初は仮設駅舎であり、駅名が変わったときも「旧産業道路」と付記していた。そして、２０２３（令和５）年12月、新駅舎が使用を開始した。駅舎の色は梨の花のような白を基調としている。駅舎がある旧大師河原村が、長十郎《ちょうじゅうろう》梨の発祥の地であるからだ。

産業道路側に広い改札口があり、改札内エリアも旧駅舎時代より拡大することで、利便性や安全性を向上させた。エスカレーターやエレベーター、多機能トイレを設置し、バリアフリー化も図っている。防水シャッターや防災管理室などもあり、災害にも強い鉄道施設となった。

新駅舎が完成したあとも、京急と川崎市は協力して駅前交通広場の整備による京浜臨海部へのアクセス性向上な

2023年12月から使用が開始された大師橋駅の新駅舎

どに取り組んでいる。地下化から時間が経ったものの、美しい駅舎ができたことで、駅を利用している人は、さらに快適さを感じているのではないだろうか。

一挙に6つの駅名を変更。それぞれの経緯と理由とは

２０２０（令和2）年3月、京急電鉄は６つの駅を改名した。そのうち4駅は創立１２０周年記念事業として沿線地域の活性化につなげることを目的とし、町名や地域シンボル、鉄道利用者の利便性を判断して決めたものだ。

京急本線の花月園前《かげつえんまえ》は「花月総持寺《かげつそうじじ》」に変わった。駅開設は１９１４（大正３）年4月で、ここにはかつて東洋一と呼ばれた遊園地「花月園」があった。その後は競輪場が開場し、多くの人でにぎわった。

しかし、２０１０（平成22）年に競輪場が閉場となり、地域活性化が課題となっていた。現在、新たなまちづくりが計画されており、その一環として駅から徒歩7分の場所にある曹洞宗の大本山「總持寺《そうじじ》」を駅名に入れ（正式表記は「總持寺」だが駅名は通用字体の「総持寺」に）、地域活性化へとつなげることを目指している。

同じく京急本線の仲木戸《なかきど》は「京急東神奈川」へと名前を変えた。駅の開設は１９０５（明治38）年12月である。ＪＲ東日本の東神奈川駅と隣接していながら、駅名

が異なるために、改名前は乗り換え可能な駅として十分に認知されていない状況があった。「京急」を冠した「東神奈川駅」とすることで、乗り間違いを防ぎつつも利便性を高めることを目的としている。

京急逗子線の新逗子は「逗子・葉山」に。駅の開設は１９８５（昭和60）年３月である。ブランド力のある逗子と葉山を合わせた駅名に変更することで、三浦半島のイメージ向上と定住人口・交流人口増加を図ることを目的としている。

また、羽田空港からの直行列車の終《しゅう》端《たん》駅であるため、行き先として駅名が表示されることで、保養地・景勝地で

京急東神奈川駅。JRの東神奈川駅とは徒歩で乗り換え可能

ある葉山へのアクセスポイントであることを多くの利用者にも認知してもらう目的もある。

そして、大師線の産業道路は、前項でも述べたとおり、「大師橋」へと名前が変わった。

残り2駅は、羽田空港のターミナル名称変更のためだ。羽田空港国内線ターミナルは「羽田空港第1・第2ターミナル」に、羽田空港国際線ターミナルは「羽田空港第3ターミナル」となった。

企業とのコラボによる駅の改名、どんなものがあった？

京急は駅名を変更することが多い。といっても、前項で取り上げたような正式に駅名を変える例は少なく、他企業とのコラボキャンペーンを実施するにあたっての「駅名変更」が多いのだ。駅舎の看板や駅名標などが期間限定で変わるのである。

2024（令和6）年5月には、サントリーの新商品「こだわり酒場のタコハイ」と京急電鉄、大田区商店街連合会がコラボレーションし、京急蒲田駅や駅周辺のエリアで「蒲タコハイ祭」が実施された。それにあわせて京急蒲田駅は「京急蒲タコハイ駅」になった。

２０２３（令和５）年６月には、横浜Ｆ・マリノスとコラボし、「Ｆ・マリノススポーツパーク」のグランドオープンにあわせてラッピング電車を運行。京急久里浜駅に「京急くりはマリン駅」の駅名看板を１か所掲示した。

２０２１（令和３）年11月には、「三代目 J SOUL BROTHERS from EXILE TRIBE」のデビュー10周年を記念し、羽田空港第３ターミナル駅をジャック。７か所ある駅名看板すべてを「羽田空港第三代目ＪＳＢターミナル駅」に変更した。

２０１９（令和元）年11月には、サンエックスとのコラボで『すみっコぐらし』のキャンペーンを実施。上大岡駅の駅名看板を「たぴおおおか駅」に変更した。駅舎には特別装飾が施され、ぬいぐるみなどがもらえるスタンプラリーも実施した。

同じく２０１９年７月には、アニメ『ワンピース』とのコラボ企画として「京急宴線《えんせん》 真夏の ONE PIECE 列車」と題したキャンペーンを行ない、『ワンピース』仕様の駅名看板を掲出。青物横丁駅は「青物横チョッパー駅」、生麦駅は「生麦わらの一味駅」、上大岡駅は「ナミ大岡駅」、ＹＲＰ野比駅は「Ｙアールフィ野比〜駅」となった。

副駅名称がついた駅もあり、黄金町駅は「ゴール・Ｄ・ロジャー駅」、横須賀中央駅は「横スタンピード中央駅」、三浦海岸駅は「三浦〝海賊王に俺はなるっ！！！〟

駅」となった。各駅の駅名看板には描きおろしイラストが添えられた。

２０１８（平成30）年7月から9月までには、『北斗の拳』とコラボした「北斗京急周年のキャンペーン」を実施。京急蒲田駅は「京急かぁまたたたたーっ駅」、上大岡駅は「上ラオウ岡駅」、県立大学駅は「北斗の拳立大学駅」として、駅名看板を特別装飾した。

このように、京急ではさまざまなコラボレーションで、駅名を「改名」しているのである。

京急車両のドアに貼られているQRコードは何のため？

４扉車の８００形が引退してから、京急はホームドアの整備に力を入れ始めた。８００形の引退により、車両のドア位置がほぼそろったからだ。

とはいえ、4両編成から12両編成まで多様な編成が走る京急では、ホームドアの仕様も、ほかの私鉄や同じ編成ばかり走るＪＲ東日本の都市部路線とは事情が違うのである。ドア位置がそろっているとはいえ、３扉車もあれば2扉車もある。そのうえ、都営地下鉄浅草線方面からさまざまな事業者の車両が乗り入れてくる。一筋《ひとすじ》縄《なわ》ではいかない。

京急のホームドアは、車両の改修を必要としない、QRコード（デンソーウェーブが開発したマトリックス型二次元コード）を使用した制御システムを利用している。ホーム上に設置された読み取り装置が、車体のドア部分に貼り付けられたQRコードを読み取ることで、何両編成か、どこのホームドアを開けるかといったことを判断する。

このシステム自体は、都営地下鉄浅草線で最初に導入された。浅草線は3扉車8両編成で統一されており、ドアの位置が多少異なる程度の情報を把握《はあく》できればよかったが、京急はそうではない。2扉車と3扉車の混結や、朝夕の「ウィング号」でのドア扱いなども重要である。その意味でも、ドアに貼り付けたQRコードを読み取って編成両数やドア数を把握するシステムは、妥当《だとう》だといえる。

また、京急のホームドアは、12両編成にも対応している。1両18メートルの車両が走る路線のホームドアで、12両編成に対応しているというのはほかにはない。増解結を実施する駅では、作業員が入りこめるスペースも確保している。

2024（令和6）年3月末時点で、14駅にホームドアを導入している。2024年度から2026年度にかけて、24駅にホームドアを設置する予定だ。

さらに、設置予定駅以外でもホームドア設置に向けた調査・設計を行なっている。

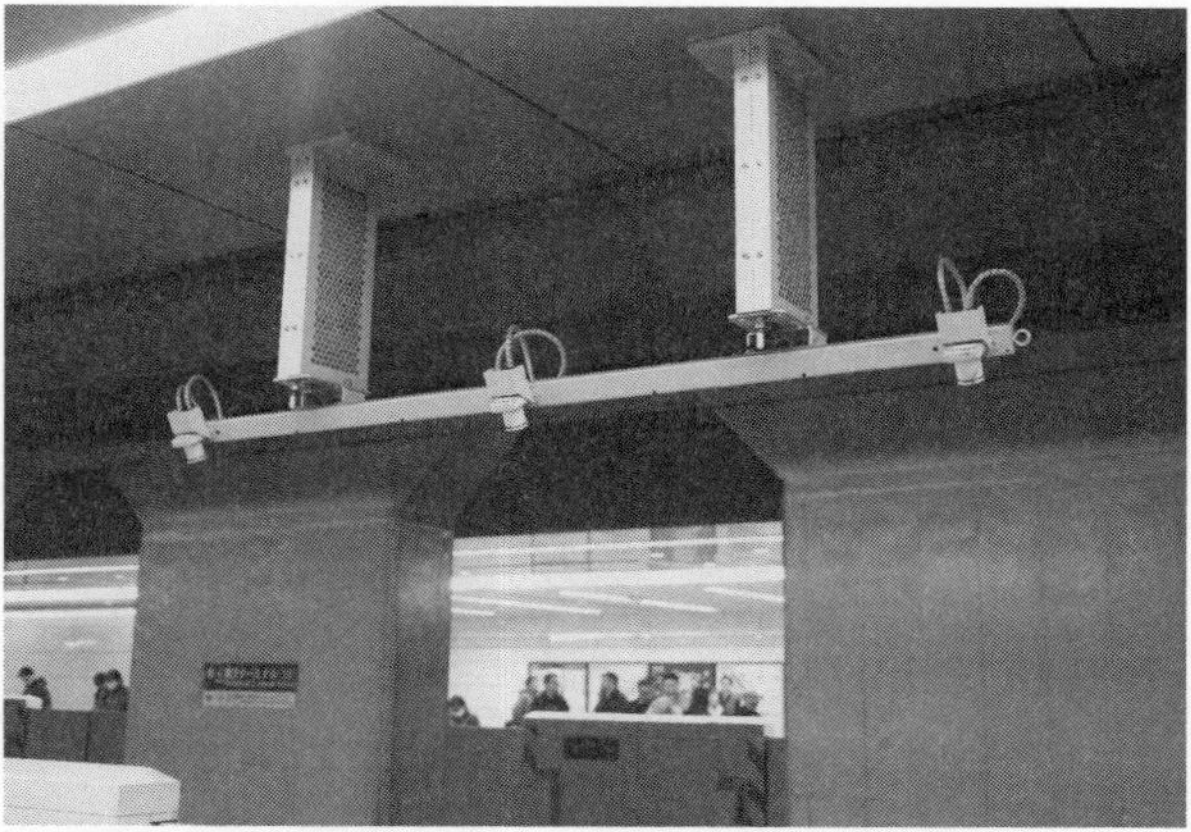

羽田空港第3ターミナル駅ホームのQRコード読み取りカメラ

カメラが車体ドアのQRコードを読み取り、ホームドア開閉を制御する

線区の事情に合わせたシステムのホームドアを設置することで、京急利用者の安全は守られているのだ。

5

ファンも知らない事実を発掘！

歴史の凄い話

京急の広大な路線網の原点となった2つの会社とは

京急の歴史が語られるとき、「川崎大師への参詣《さんけい》客輸送から始まった」といわれるのはよく知られた話だ。大師電気鉄道は1899（明治32）年1月21日、初大師の縁日に開業した。現在の大師線にあたる路線である。

寺社参詣鉄道としては、川崎大師だけではなく、穴守《あなもり》稲荷への参詣も重視していた。その後、都市圏間に細かく駅を設け、地域輸送の鉄道会社として発展していく。

そして、路線を品川方面へ、あるいは横浜方面へと延ばしていく過程で、もともとは路面電車に近いスタイルだった電車が、京浜電気鉄道として専用線を走るようになり、編成も長くなって現在のような姿になっていく。

戦時色が濃くなるころに湘南電気鉄道を合併、そして「大東急」（次項参照）の一員となる。戦後、「大東急」から独立し、京急の現在の体制が確立する。

このように、京急の歴史では、大師電気鉄道以来の寺社参詣鉄道に始まり、東京と横浜を結ぶ都市圏輸送を担《にな》う頃までが最初期では重要になる。

しかし、現在の京急は三浦半島にも広大な鉄道網を有しており、三浦半島と横浜・品川を結び、さらに都心に地下鉄で乗り入れるようになっている。羽田空港アクセスも重要な任務になった。

空港アクセスは近年の話であるにしても、湘南と横浜・品川を結ぶ広大な路線網を築いているという現状を考えると、大師電気鉄道以外の京急の前身企業が軽視されているように感じられてならない。

三浦半島における現在の京急の覇権は、湘南電気鉄道が浦賀《うらが》や逗子《ずし》に路線を延ばしたからであり、戦後の京急が三浦海岸、そして三崎口《みさきぐち》へと路線網を構築したからであるといえる。

「寺社参詣を目的とした」という起源が強調されがちだが、三浦半島の現在の路線網を築き上げ、通勤だけではなく観光輸送にも力を入れられるようになったのは、湘南電気鉄道の存在が大きい。

「京急のルーツは、2つの会社による」というのが、正しい見方ではないだろうか。

ルーツの1つ「湘南電気鉄道」はどんな会社だった？

現在の京急は、企業としては前項でも述べたとおり、大師電気鉄道の流れを汲《く》んでいる。しかし、現在の路線網を見てみると、湘南電気鉄道の存在感もけっして小さくはない。そのほか、沿線のバス会社なども企業グループに合流している。

1917（大正6）年9月、湘南電気鉄道の発起人会が開かれた。横浜から浦賀を結び、三浦半島方面へと路線を延ばすことを目的としてつくられた会社だ。当時の構想は三浦半島を一周させるというもので、地域振興に役立つ壮大な計画だった。

免許が下りたのは1923（大正12）年8月。その直後に関東大震災が起こったため、一時は事業展開を見合わせた。

1925（大正14）年頃に事業を再開し、安田保善社の融資を受け、大師電気鉄道の後継会社である京浜電気鉄道の重役が経営陣に入る。これにより、湘南電気鉄道が会社としてようやく動き出した。当時の京浜電気鉄道は軌間（レールの幅）1372ミリメートルだったが、湘南電気鉄道は軌間1435ミリで建設することになった。

1930（昭和5）年4月、黄金町《こがねちょう》―浦賀間と金沢八景―湘南逗子間が開業し、横浜市内の中心へと近づく。計画のなかには、桜木町に延伸して東京横浜電鉄（現在の東急東横線）や京浜線（現在のJR京浜東北線）に接続しようとするものも存在していた。

京浜電気鉄道や省線（国鉄を経て現在のJR）横浜駅への接続は、黄金町からのバスによるものだった。1931（昭和6）年12月には黄金町から日ノ出町へと延伸した。同時に京浜電気鉄道と接続することになり、同社が横浜—日ノ出町間を開設した。ただし、この区間は軌間を湘南電気鉄道に合わせたため、横浜での乗り換えが必須だった。

その後、京浜電気鉄道は1933（昭和8）年4月に横浜—品川間を1435ミリメートルに改軌する。こうして、三浦半島と東京が結ばれた。

しかし困難はなおも続く。京浜電気鉄道の架線電圧は600ボルト、湘南電気鉄道の架線電圧は1500ボルトであったため、複電圧式の車両を導入する必要があった。複電圧が解消されるのは、戦後の1947（昭和22）年12月に旧京浜電気鉄道の品川線・穴守線区間が1500ボルトに昇圧《しょうあつ》された際である。

京浜電気鉄道と湘南電気鉄道は1941（昭和16）年11月に合併、京浜電気鉄道を存続会社名とした。なお、1

品川—浦賀間が結ばれるまで

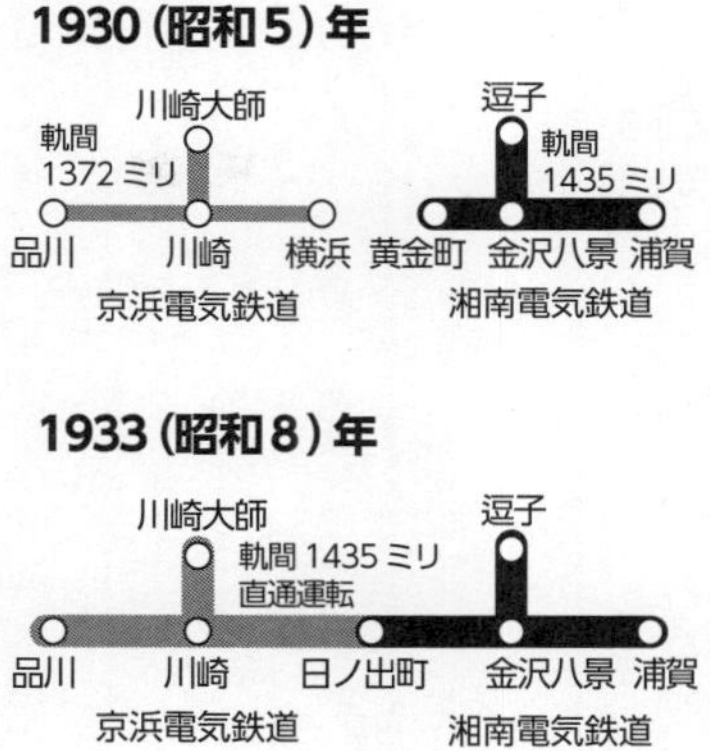

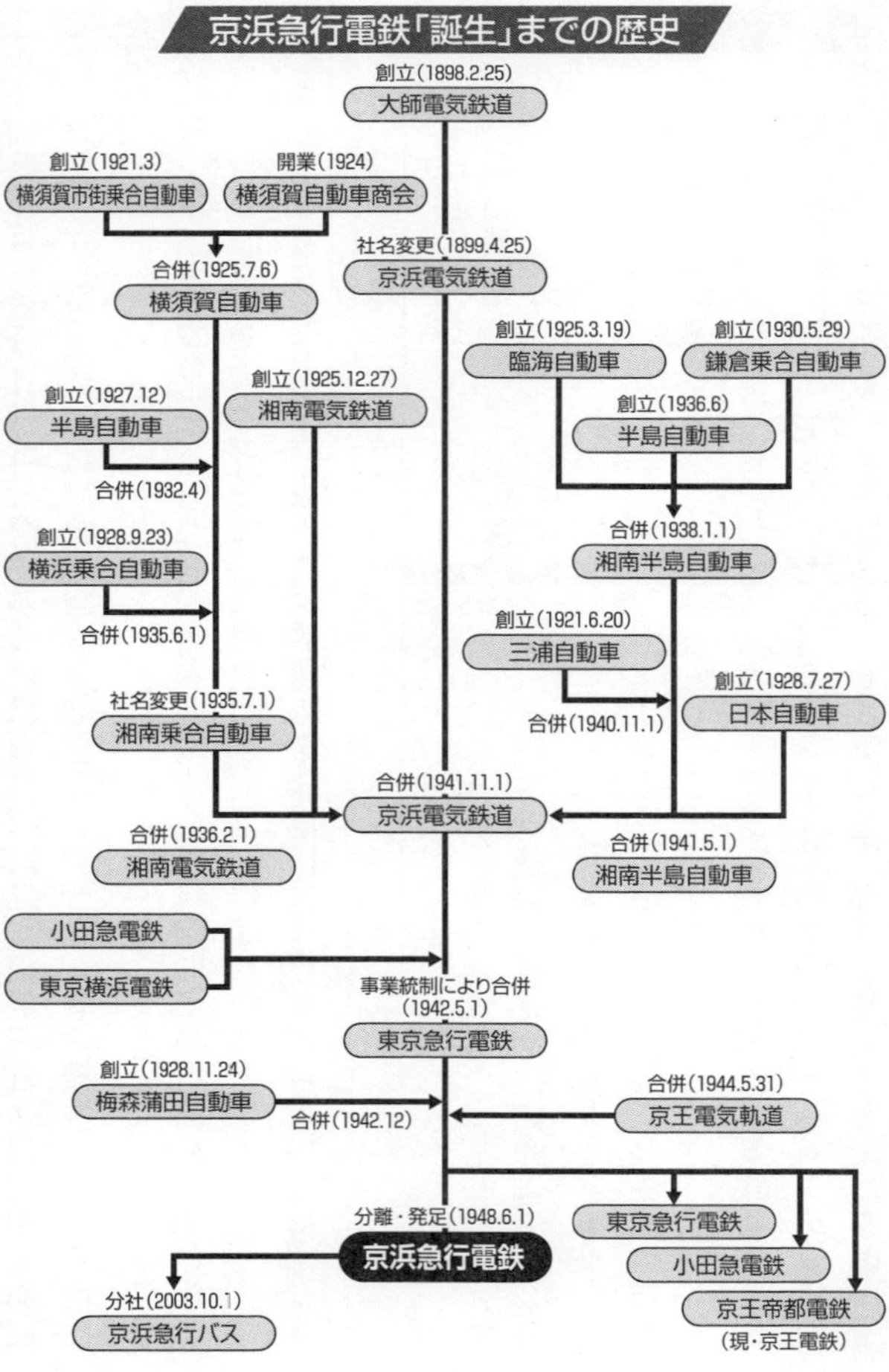
京浜急行電鉄「誕生」までの歴史
創立(1898.2.25)
大師電気鉄道
創立(1921.3)
横須賀市街乗合自動車
開業(1924)
横須賀自動車商会
社名変更(1899.4.25)
京浜電気鉄道
合併(1925.7.6)
横須賀自動車
創立(1925.3.19)
臨海自動車
創立(1930.5.29)
鎌倉乗合自動車
創立(1925.12.27)
湘南電気鉄道
創立(1927.12)
半島自動車
創立(1936.6)
半島自動車
合併(1932.4)
合併(1938.1.1)
湘南半島自動車
創立(1928.9.23)
横浜乗合自動車
合併(1935.6.1)
創立(1921.6.20)
三浦自動車
創立(1928.7.27)
日本自動車
社名変更(1935.7.1)
湘南乗合自動車
合併(1940.11.1)
合併(1941.11.1)
京浜電気鉄道
合併(1936.2.1)
湘南電気鉄道
合併(1941.5.1)
湘南半島自動車
小田急電鉄
東京横浜電鉄
事業統制により合併
(1942.5.1)
東京急行電鉄
創立(1928.11.24)
梅森蒲田自動車
合併(1942.12)
合併(1944.5.31)
京王電気軌道
分離・発足(1948.6.1)
京浜急行電鉄
東京急行電鉄
小田急電鉄
京王帝都電鉄
(現・京王電鉄)
分社(2003.10.1)
京浜急行バス

９４２（昭和17）年５月には、陸上交通事業調整法により小田急電鉄とともに東京横浜電鉄と合併し、東京急行電鉄となる。

東京急行電鉄は１９４４（昭和19）年には京王電気軌道も合併。１９４５（昭和20）年にはすでに子会社としていた相模《さがみ》鉄道から路線の運営を移管した。こうして、３３３キロメートルの広大な路線網を有する「大東急」体制が完成する。

再独立を果たしたのは、戦後の１９４８（昭和23）年６月のことである。ここに、現在へつながる京浜急行電鉄が誕生する。

京急の創業者は、どんな経歴をもつ人物だった？

京急電鉄のメインのルーツである大師電気鉄道、その後の京浜電気鉄道の礎《いしずえ》を築いたのは、立川勇次郎《たちかわゆうじろう》である。

立川は１８６２（文久２）年３月20日に大垣藩士の家に生まれ、１８７７（明治10）年に同藩藩士である立川清助の養子になった。１８８６（明治19）年に上京し、代言人《だいげんにん》（弁護士）になる。

１８８９（明治22）年、立川は東京で電気鉄道敷設《ふせつ》の出願にかかわる。電気鉄道出願の際には法律の知識が必要になる。そこで、立川がいまでいう企業法務の弁護士のような立場でかかわったのだ。ほかにも、大倉喜八郎《おおくらきはちろう》や藤岡市助《ふじおかいちすけ》、雨宮敬次郎《あめみやけいじろう》も電気鉄道の出願にかかわったが、これらはすべて却下された。

しかし、１８９０（明治23）年に開かれた第３回内国《ないこく》勧業博覧会において電車の試運転が行なわれたこと、そして１８９２（明治25）年に軌道条例が制定されたことにより、電車を走らせようという機運が高まる。

こうしたなかで立川らは、１８９６（明治29）年に特許を出願し、川崎大師方面への線路を敷設する。そして、大師電気鉄道は１８９９（明治32）年１月21日に開業の日を迎えた。

立川はその後、雨宮敬次郎らとともに東京市街鉄道の特許を１９００（明治33）年に取得し、取締役に就任。東京の路面電車にもかかわった。

立川の活躍は続き、１９１１（明治44）年には故郷に養老鉄道を創業、鉄道以外にも揖斐川《いびがわ》電化工業（現在のイビデン）を１９１７（大正６）年に創業している。亡くなったのは１９２５（大正14）年12月14日のことだ。

立川とともに、東京で電車を走らせようとした藤岡市助は、大師電気鉄道では電気技師顧問を務めた。

１８５７（安政４）年４月18日に現在の山口県岩国市で生まれ、工部大学校（現在の東京大学工学部の前身の1つ）を卒業したのちに電気工学の研究者になった。その後、東京電灯（現在の東京電力ホールディングス）の技師長に転身する。日本に電気および電球灯を普及させた功績を持ち、東芝の創業者としても知られている人物だ。

藤岡は都市交通における電車の必要性を意識しており、1892年には、電気鉄道期成同盟会を組織した。小田急電鉄や阪神電鉄にも関係し、東京から大阪までを電車で結ぶ計画にも参加した。亡くなったのは1918（大正7）年3月5日のことだ。

湘南電気鉄道の創設にかかわった野村龍太郎《のむらりゅうたろう》は、1859（安政6）年2月27日に大垣藩士の家に生まれた。東京府御用掛《ごようがかり》で土木課に在籍し、その後、鉄道局に転じて鉄道工事の技術者として活躍する。南満洲鉄道総裁や東京地下鉄道社長も歴任した。

湘南電気鉄道の社長としては、1923（大正12）年に三浦半島に路線網を設ける特許を取得している。亡くなったのは、1943（昭和18）年9月18日のことだ。

大師電気鉄道や湘南電気鉄道といった、現在の京急電鉄のルーツとなる会社には、当時のトップエリートともいえる人たちが多くかかわっていたのだ。

京急がレール幅の変更をくり返した事情とは

鉄道において、レールの幅を変えることは、基本的にはめったにないことである。日本に鉄道ができて以来、多くの鉄道では1067ミリメートルの軌間を保ち続けてきた。官設の鉄道と直通することを意識して明治時代に各地につくられた私鉄も、同じ軌間を採用した。

ただし、この1067ミリの軌間では、スピードアップの面で限界がある。戦前の国会においても、1067ミリから1435ミリに改軌するか否《いな》かが何度も議論された。戦後、改軌ではなく新たに敷設したものではあったが、軌間1435ミリの鉄道として誕生したのが、新幹線である。

いっぽう、都市交通のための鉄道では、全国ネットワークの鉄道と接続することなく、その鉄道会社のなかでネットワークが完結するため、独自の軌間で建設することが多かった。この場合は根拠法が軌道法になる。

都市部で馬車鉄道が多く用いられていた頃には、馬車軌間である1372ミリが使用されていた。その規格は都電にも受け継がれ、現在でも、都電荒川線や東急世田谷線がこの軌間を使用している。

鉄道会社によって異なる軌間

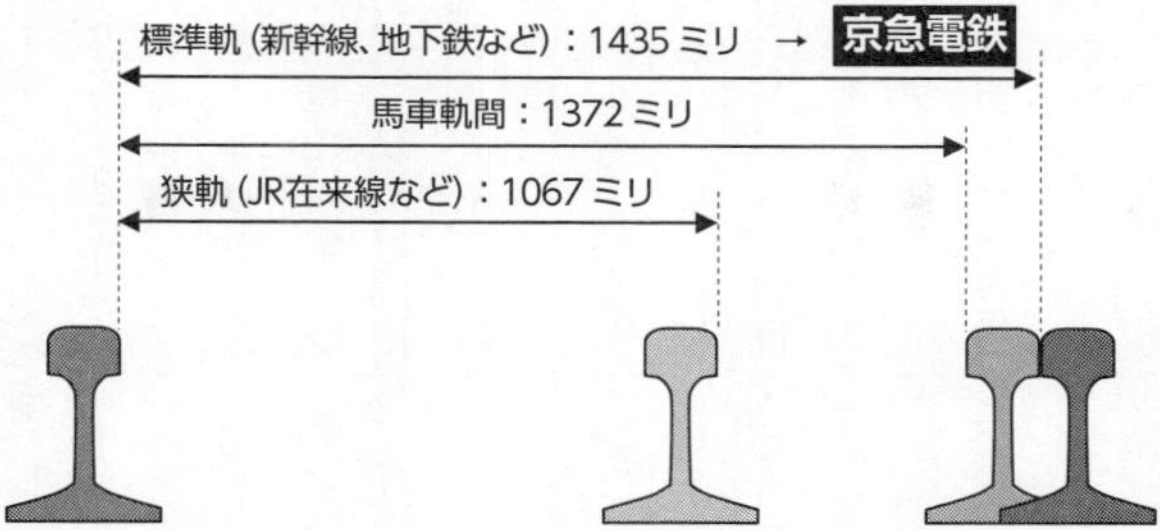

京急は、1899（明治32）年1月の大師電気鉄道創業時に、1435ミリ軌間を採用した。この軌間を採用したのは、日本で初めてのことだった。このとき、自前での電力供給のために発電所も設けている。

路線網がしだいに広がるなか、1904（明治37）年3月、京急は1372ミリに改軌する。わざわざ狭い軌間に変更したのは、東京の市街地を走る路面電車との直通を意識したものだった。効果はさっそくあり、1909（明治42）年10月には横浜電気鉄道（のちの横浜市電）に乗り入れることになった。

その後、京急は東京市電への接続も果たす。1924（大正13）年3月に東京市電品川停留所に乗り入れ、市電の線路を共有しながら現在の八《や》ツ山橋《やまばし》を経て、1925（大正14）年3月に高輪《たかなわ》（現在の品川駅あたり）まで乗り入れた。

しかし、これ以降は延伸が見送られた。1933（昭和8）年に省線の品川駅に乗り入れることにし、このときに1435ミリ軌間に戻した。湘南電気鉄道との直通を意識するものであったが、1435ミリ軌間で建設された東京地下鉄道との直通運転構想も念頭にあったのだろう。

京浜電気鉄道は湘南電気鉄道と一緒になったものの、東京地下鉄道は新橋から渋谷方面に向かい、営団地下鉄（現在の東京メトロ）になる。京急との直通運転はかなわなかった。このように、京急は他社との関係性によって、何度も軌間を変えてきたのである。

ちなみに、京急と都営地下鉄浅草線、京成電鉄との相互直通ネットワークができるとき、やはり「軌間をどうするのか」ということが議論された。このときは、京成が1959（昭和34）年に1372ミリから1435ミリに改軌することで決着がついた。

他の鉄道会社を意識して戦前に改軌をくり返した京急は、戦後は他の鉄道会社に意識してもらう側になったのである。

かつては「海水浴客用」の特急も走っていた！

現在では「電車に乗って海水浴へ」という人がずいぶんと少なくなった。そもそも、自動車で海水浴に行くという人も減っているのではないだろうか。

かつては、さまざまな鉄道会社が海水浴客向けの列車を走らせていた。国鉄時代の房総方面への列車は、その代表例である。夏の海水浴は身体《からだ》によいとされ、多くの人が海へと向かった。家族旅行としても手軽なレジャーであった。

三浦半島を営業エリアとする京急も、夏に海水浴客のための列車を運行していた。1950年代後半には「うみさち」「うみかぜ」などの座席指定有料特急が走った。

海水浴客がおもに向かったのは、三浦海岸である。すでに久里浜まで延伸していたが、その後も新駅を次々に開業させていく（23ページ参照）。そして、1966（昭和41）年7月に三浦海岸駅が開業。京急はこの地を海水浴の好適地として売り出すようになった。

三浦海岸で京急は大キャンペーンを行なった。沿岸を「青いデートナビーチ」と名付け、海水浴客誘致のために「三浦海岸フェスティバル」を開催。芸能人などを招いてイベントを実施した。

1981（昭和56）年7月の「三浦海岸フェスティバル」では、トップアイドルの松田聖子が出演し、約3万5000人の観客がつめかけた。また、品川から出る臨時列車にアイドルが同乗し、車内の観光客（あるいはアイドルファン）と交流できるイベントも催《もよお》され、人気を博した。

三浦海岸海水浴場の年間来場者は、1971（昭和46）年には約400万人に達したが、近年はその10分の1を前後している。

地元では「三浦海岸にもっと観光客が来てほしい」と考えており、京急も2016（平成28）年7月に特別列車「京急マーメイドトレイン」を品川—三浦海岸間で運行。車内で水着のファッションショーを行なうなど、三浦海岸方面への誘客《ゆうきゃく》に努めている。

海水浴客自体は減っているが、毎年、ウインドサーフィンの世界大会が三浦半島で開催され、マリンリゾート施設を楽しめる「葉山マリーナ」も京急グループの1つである。京急はマリンスポーツへの情熱をいまも持ち続けているのだ。

「京浜急行」から「京急電鉄」へ…略称変更の歴史

「京急」は「京浜急行」の略だ。「京浜」とは、東京と横浜のことである。正式社名も「京浜急行電鉄」である。しかし現在では、多くの人が「京浜急行」ではなく「京急電鉄」と呼んでいる。駅構内や車内の掲示物などでも「京急電鉄」が使用されている。

振り返ってみると、案内などで「京浜急行」が使用された時代も長かった。古い掲示物の写真を見ると、「京浜急行」の表記がそこかしこに登場するし、1963（昭和38）年には、湘南電気鉄道由来の「湘南」がついていた駅名を「京浜」へと改称している。

1964（昭和39）年、京急電鉄は社名略称を「京浜」から「京急」に変更する。この頃から子会社の名前にも「京急」を使用するようになった。1987（昭和62）年6月には、「京浜久里浜」など「京浜」がついていた駅名を「京急久里浜」など「京急」がついた駅名に変更した。

英語での略称は、「京浜」を意識した「KHK」だったものが、「京急」を意識した「KEIKYU」に変化していった。1994（平成6）年から2001（平成13）年にかけて実施された800形のリニューアルで、この呼び名が現れた。

公式の通称もかつては「京浜急行」であり、「Keihin Electric Express Railway Co. Ltd.」が英文の社名だった。2007（平成19）年12月からポスターなどで「京急電鉄」

の名称やロゴを使用し始め、２０１０（平成22）年10月には「Keikyu Corporation」の英文社名を使用するようになった。

「京浜」がしだいに「京急」へと変化し、その変化を前面にアピールするようになったのは、競合するＪＲ東日本と差別化するという理由や、企業アイデンティティの確立のためともいわれている。この流れが強まったのは「京浜」がついた駅名を「京急」に変更した時期であり、そのまま現在へと至る。

また、この流れに合わせて、列車のスピードアップが進み、「急ぐ」ようになったところもある。「京浜」よりも「急行」を強く打ち出し、速達性の高さをアピールする名称を採用したのは、京急の現状を見ても、必然であったのかもしれない。

6

時代とともに進化し続ける!

サービスの凄い話

京急の「座席指定サービス」。その充実した内容とは

近年、関東の私鉄各社は座席指定サービスに力を入れている。小田急電鉄や東武鉄道など観光客の利用が多い会社では、すでに有料の座席指定特急を走らせていたが、最近のトレンドは通勤客をターゲットとした座席指定サービスだ。

座席指定サービスのある車両は、多くはロングシートとクロスシートを転換できるシートを使用している。全車両が指定席の京王電鉄「京王ライナー」や、一部車両が指定席の東急電鉄「Q SEAT」などだ。

京急では、全席クロスシートの2100形と、ロングとクロスの転換が可能な1000形「Le Ciel」を座席指定サービス用の車両に使用している。そのサービスを包括《ほうかつ》する名称が「ウィング」だ。

京急では座席指定サービスを「ウィングサービス」と称し、平日朝の通勤時や夕方の帰宅時、休日の観光など多彩な目的のために提供している。

その1つが、朝の品川方面への着席通勤サービスとして走る「モーニング・ウィング号」だ。三浦海岸・横須賀中央を発車し、金沢文庫・上大岡《かみおおおか》で乗車のみを受け入れ、上大岡から品川まではノンストップとなっている。

横須賀中央発の1号は8両編成、三浦海岸発の3号は12両編成で、どちらも品川行きだ。5号は三浦海岸発の8両編成だが、品川の先の泉岳寺《せんがくじ》まで乗り入れる。上大岡から品川まで、ドアが開かずゆったりと座っていける、というのがこれらの列車の特徴だ。

夕方から夜間にかけての帰宅客向けサービスは「イブニング・ウィング号」がある。品川から乗車し、上大岡からは快特や特急と同じ停車駅で下車できるようになっている。京急久里浜までの列車もあれば、三崎口までの列車もある。

2024（令和6）年11月のダイヤ改正では、乗車可能な駅に京急蒲田や

京急が運行する有料座席指定列車「ウィング号」

京急川崎、横浜が加わった。2号から16号までの8本が運行される。

土休日には一部の快特の2号車を座席指定車両「ウィング・シート」として提供している。下りは泉岳寺―上大岡間、上りは三崎口―上大岡間で乗車可能だ。

京急では、これらのサービスの利用に便利なネット予約サービス「KQuick」を提供している。「イブニング・ウィング号」は、京急蒲田や京急川崎、横浜で乗車する場合、この「KQuick」を通してのみ購入可能だ（「モーニング・ウィング号」では乗車可能駅で、「イブニング・ウィング号」では、品川駅でのWing Ticket発売機で購入可能）。

また、「ウィング・シート」は「KQuick」もしくは車内での購入となる。「KQuick」を通じて購入すると300円（大人・小児同額）だが、車内での購入は500円（現金またはPayPay決済のみ）と高くつく。「KQuick」での予約時は、空席のなかから希望の座席を選ぶことも可能だ。

このように「ウィングサービス」には多様なものがあり、「KQuick」を通じてお得に利用できるようになっている。このあたりの充実ぶりも、京急のサービスのよさを感じる。

京急が券売機の機能アップに取り組むわけとは

最近、券売機できっぷを買う機会がずいぶん減ったという人が多いのではないだろうか。券売機を使うのは、交通系ICカードへのチャージぐらいという人が増えているように感じる。

近年、一般的な券売機の機能は縮小し続けている。定期券を購入できる券売機が、多機能な券売機として何かの際に使用されている状況だ。

ところが、京急はこのような時代においても、券売機の充実に取り組んでいる。2024（令和6）年10月からは、泉岳寺駅を除く全72駅にて、クレジットカードによる乗車券の発売を開始した。

このサービスにより、羽田空港に到着した訪日観光客の鉄道利用者が、事前に両替などをする必要なく、簡単に目的地までの普通乗車券を購入できる。券売機も多言語（英語や中国語、韓国語）に対応し、6つの国際ブランドのクレジットカードが使用可能だ。

すでに、定期乗車券はクレジットカードでの購入が可能であり、定期の購入が可能な券売機を中心に、クレジットカードでの普通乗車券の購入にも対応したといったかたちだ。

京急では、2024年にグループ全体の第20次総合経営計画を立案した。そのなかで「日本の玄関口である羽田空港のポテンシャルを最大化しよう」というものがあった。このなかでインバウンド対応を強化する方針を立てている。

「きっぷを買って、鉄道に乗る」というシンプルな方法を、日本に到着したばかりの外国人観光客にわかりやすく示す京急は、親切な鉄道会社であるといえる。

QRコード乗車券の導入で、何が変わる?

京急電鉄では現在、紙のきっぷは磁気式のものを使用している。きっぷの裏に金属を塗布《とふ》し、そこに乗車駅や発券日、販売金額の情報を記録。その情報を自動改札機が読み取る。

2024(令和6)年5月、京急、京成、新京成、西武、東京モノレール、東武、JR東日本、北総鉄道の鉄道会社8社は、磁気乗車券をQRコード乗車券に置き換えることを発表した。2026(令和8)年度末以降に、QRコードを利用したシステムに入れ替える計画だという。

紙のきっぷは、1枚のなかにさまざまな情報が印字されており、乗客としてはわかりやすいものである。交通系ICカードが普及した現在でも、きっぷを求める人は根強くいる。

いっぽうで、駅の自動改札機や自動券売機などの機器は、磁気乗車券用の機構の複雑さや鉄道固有の専門性の高さゆえに、維持管理に手間も費用もかかる。これらの機器を中長期的に維持するためには、持続可能なシステムにする必要があると各社は考えた。そのための、QRコード乗車券へのシステム移行なのだ。

また、磁気乗車券の用紙は金属を含んでいるため、一定の環境負荷がかかる。リサイクルにあたって磁気層の分離・廃棄が必要だからだ。QRコード乗車券になればその負荷がなくなり、リサイクルが容易な紙を使用できるようになる。

さらに、QRコード乗車券は券売機や改札機に現金や紙のきっぷを投入するシステムではないため、機器の不具合やきっぷの詰まりなどによる故障率が低くなるというメリットもある。実際にQRコード乗車券を使用する際には、改札機のQRコード読み取り部にタッチして通過する。

京急を含めた8社は共用のサーバーで利用状況を管理し、同一のシステムを使用する。これにより、会社を跨《また》いだQRコード乗車券を発券することも可能になる。利用客としても嬉しい話だろう。

この流れは、8社以外の大手鉄道会社も追随《ついずい》することだろう。どの会社も、磁気乗車券の縮小と持続可能なシステムへの移行を検討している状態である。

京急が「タッチ決済」導入に熱心な納得の理由とは

近年、自動改札機には交通系ICカードの読み取り部以外に、QRコードの読み取り部や、クレジットカードのタッチ決済の読み取り部も備えられるようになってきた。自動改札機が「多機能化」している状態だ。

京急でも、2024（令和6）年12月より、クレジットカード等のタッチ決済による乗車サービスの実証実験を開始した。羽田空港関連の2駅や、品川駅などの10駅が実証実験の対象になる。

タッチ決済対応のカードやスマートフォンを、自動改札に設置する読み取り部分にタッチする。駅や改札によっては、専用の端末機での対応になる。訪日観光客を対象としており、三井住友カードが提供するシステム「stera transit」を使用し、10円単位の普通旅客運賃での決済となる。

実験は都営地下鉄（東京都交通局）と連携して行なわれ、事業者間の相互利用も見据えている。京急線の10駅だけではなく、都営地下鉄浅草線・三田線・大江戸線の

タッチ決済のしくみ

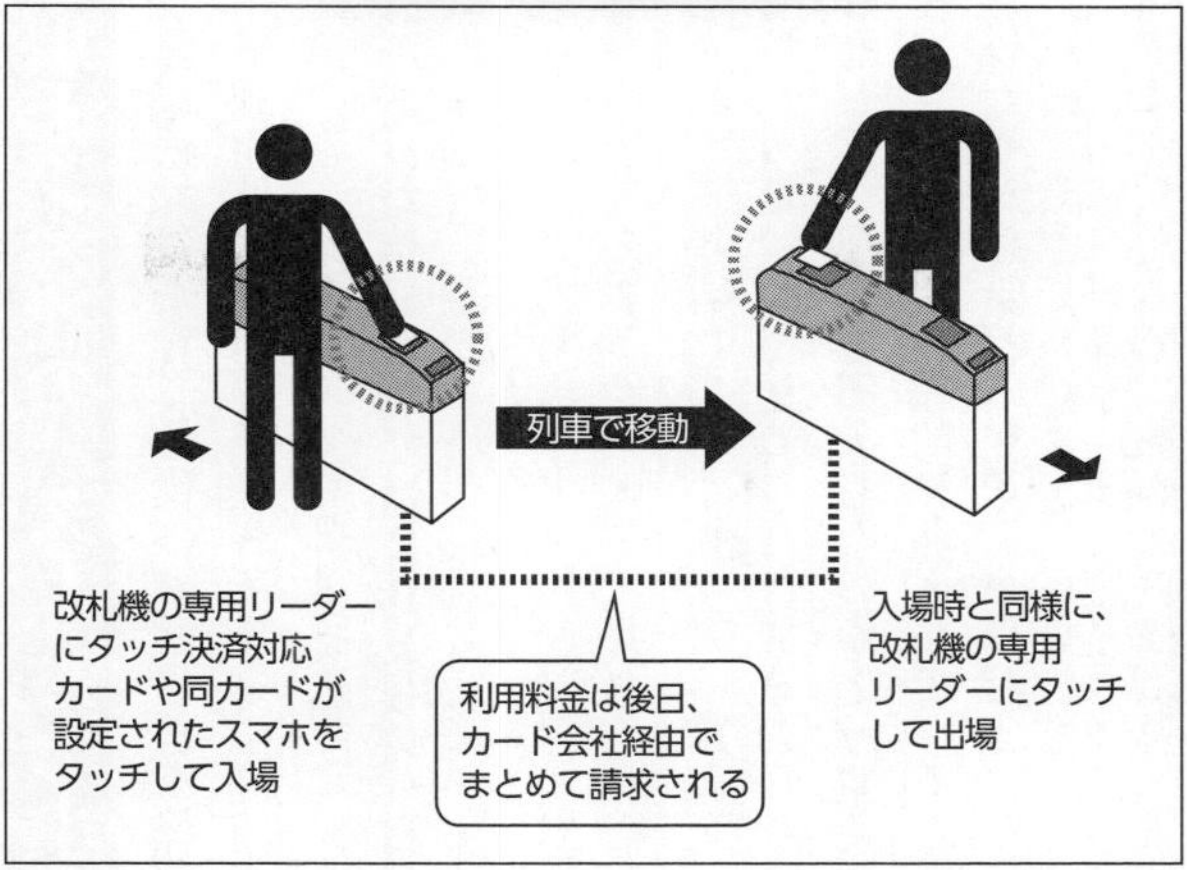
列車で移動
改札機の専用リーダーにタッチ決済対応カードや同カードが設定されたスマホをタッチして入場
利用料金は後日、カード会社経由でまとめて請求される
入場時と同様に、改札機の専用リーダーにタッチして出場

26駅でも使用可能だ。

京急は、羽田空港の利用者をターゲットにするだけではなく、品川・羽田・横浜の3エリアを「成長トライアングルゾーン」と位置づけ、これらのエリアを中心に沿線の発展・活性化を目指すとしている。

2025（令和7）年内には、京急の全駅で改札機でのタッチ決済が可能になる予定だ。また、都営地下鉄も今後、全駅でのタッチ決済導入を進めていくという。

世界中から日本を訪れる人に快適に鉄道を利用してもらうために、京急では新しいシステムを積極的に導入しているのだ。

グループ会社のバスと共に「小児均一運賃」を導入した事情

京急電鉄では子育て世代の家計負担を軽減し、鉄道で外出しやすいように、ICカード利用時の小児普通旅客運賃を全区間均一で75円としている。鉄道のみを見ると、2022（令和4）年3月に開始した小田急の「均一50円」の先例があったが、京急では2023（令和5）年10月より、鉄道の均一運賃を「1回乗車75円」とした。

ちなみに、どちらも子ども用交通系ICカードで利用する必要がある。ただし、羽田空港第3ターミナル駅や、羽田空港第1・第2ターミナル駅へ天空橋以外の駅から乗車する場合には、小児だと「加算運賃25円」がプラスされる（次項参照）。ここで挙がった駅間相互のみだと加算されない。

なぜ、均一運賃を導入したのか？　京急電鉄によると、少子高齢化が進むなかで今後も京急沿線が持続的に発展していくためには、子育てがしやすい多文化共生のまちづくりが必要という考えからだという。

2023年10月の導入時に京急電鉄は運賃改定もしており、41キロメートル以上は値下げとしたので、都心から横須賀・三浦方面に行きやすくなっている。

さらに京浜急行バスも、２０２３年９月より、小児用ＩＣカードの利用時の小児普通旅客運賃を全区間均一で１００円とした。鉄道の均一運賃のほうがバスの均一運賃よりも発表が早かったが、導入はバスのほうが先となった。もちろん、目的は鉄道と同じである。

ではなぜ、京急は小田急と異なり、鉄道とバスもあわせて格安にしたのか？　京急は先に述べたとおり、「沿線の持続的な発展のため」としているが、もう少し深読みすれば、「沿線に子々《しし》孫々《そんそん》にわたって暮らしてほしい。沿線により多くのファミリーが暮らしてほしい」ということであろう。

つまり、子育て世代に便利な鉄道にするから、ぜひファミリー層に定着してもらいたい、ということだ。京急は沿線の未来を見据えて先手を打っている、というわけである。

かつて存在した「空港連絡特殊割引」って、いったい何？

京急は、天空橋—羽田空港第１・第２ターミナル駅間とその区間以外の駅を行き来する利用者に、通常料金に加えて50円（小児25円）の加算運賃を設定している。空港線の延伸工事等に要した設備投資額等を回収するのが目的だ。２０１９（令和元）

年10月までは、加算運賃は170円であった。

この加算運賃が、都営地下鉄線や京成線方面からやってくる人にとって負担になるいっぽう、京急は羽田空港アクセスに自社を利用してほしいという考えから、羽田空港各駅まで乗車する人の運賃を割り引く「空港連絡特殊割引」という制度を設けていた。

しかし、加算運賃の引き下げや新型コロナウイルス感染症の影響で、経営環境が大きく変わり、この割引制度は一定の役割を終えたという考えが、相互乗り入れを行なう各社で共有されるようになった。そのため、2023(令和5)年10月1日より、京成各駅・都営線各駅から羽田空港各駅を結ぶ列車の運賃の割引は廃止となった。

廃止前の割引額は、羽田空港の各駅―都営地下鉄線の各駅・京成線各駅(成田空港駅・空港第2ビル駅を除く)が50円(小児20円)、羽田空港の各駅―成田空港駅または空港第2ビル駅で80円(小児40円)、京急線各駅(羽田空港の各駅を除く)、都営地下鉄線各駅―成田空港の各駅で60円(小児30円)であった。

空港へ向かう路線は建設するのにお金がかかったので利用者にも負担してもらういっぽう、複数の鉄道を利用する場合には割引をするというサービスであったが、サービスのほうは時代の変化とともに消えてしまった。利用者としては残念である。

「みさきまぐろきっぷ」以外に、どんなお得きっぷがある？

京急は、通勤・通学輸送だけではなく、行楽・観光輸送にも力を入れている。その象徴としてよく知られているのが「みさきまぐろきっぷ」である。

このきっぷは、京急電鉄の往復乗車券と、京急バスのフリー乗車券（三浦海岸や三崎口発のバス）に加え、みさきまぐろきっぷ加盟店舗のなかから1店舗で利用できる「まぐろまんぷく券」と、お土産などを購入できる「三浦・三崎おもひで券」の組み合わせとなっている。デジタルきっぷと磁気券があり、デジタルきっぷは事前購入可能だ。

三崎にまぐろを食べに行く人にとっては割安なきっぷであり、大ヒット商品となった。近年ではデジタルきっぷに力を入れており、デジタルきっぷのほうが割引率は高い。

三浦半島をエリアとするきっぷは、ほかにもある。「よこすか満喫きっぷ」は京急電鉄の往復乗車券と、京急バスのフリー乗車券（横須賀・浦賀・久里浜エリア）に加え、横須賀グルメを楽しめる「食べる券」、そして、さまざまなアクティビティを楽

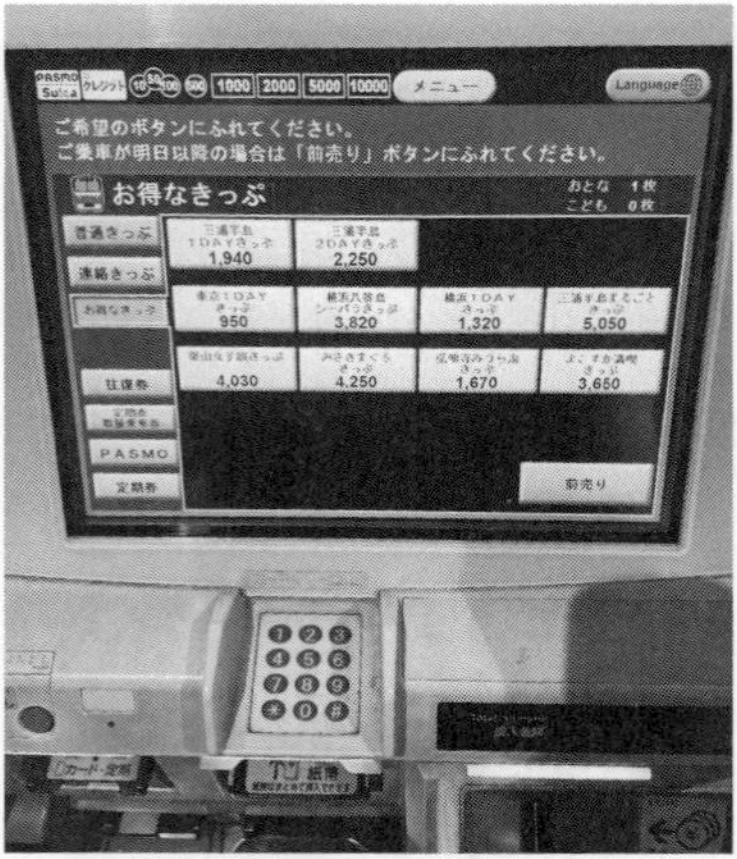

京急のお得なきっぷの一部は
自動券売機での購入も可能

しめる「遊ぶ券」がセットになっている。こちらもデジタルきっぷと磁気券があり、デジタルきっぷのほうが安く、事前購入も可能だ。

「葉山女子旅きっぷ」は、葉山エリアまでの京急電鉄の往復乗車券と京急バスのフリー乗車券に加え、グルメを楽しめる「ごはん券」、体験を楽しめたり、お土産を手に入れられる「ごほうび券」がセットとなる。なお、女性以外でも利用可能で、こちらもデジタルきっぷと磁気券があり、やはりデジタルきっぷのほうが安い。

これらのきっぷはどれも1日券だが、この3つを組み合わせて2日間利用できるきっぷもある。「三浦半島まるごときっぷ」だ。

京急線の往路乗車券と、京急線のフリー区間と帰りのきっぷ、京急バスのフリー乗車券に加え、先に紹介した3つのきっぷのお店で利用できるお食事券と、施設利用またはお土産の選択が可能で各施設の優待特典もある。こちらにもデジタルきっぷと磁気券がある。

この「三浦半島まるごときっぷ」から、食事やお土産などの要素を抜いたのが「三浦半島1DAYきっぷ」「三浦半島2DAYきっぷ」である。こちらは磁気券のみだ。

また、「横浜・八景島シーパラきっぷ」「弘明寺《ぐみょうじ》みうら湯きっぷ」といった施設利用券（八景島シーパラダイスは水族館利用券）と最寄り駅までの往復乗車券をセットにしたきっぷも好評を博している。

「Le Ciel」に京急初の車内トイレが登場したわけ

泉岳寺・品川から久里浜・三崎口まで、結構な距離を走る京急の列車。京急線内で「快特」を乗り通すと66・9キロメートルとなる。

似たような区間を走るJR東日本の横須賀線の車両には「トイレ」がある。しかし、京急の車両には、近年まで「トイレ」がなかった。

その理由を推察するなら、運行本数の多い通勤電車だから、ということなのだろう。たしかに途中下車して用を足しても、10分ほどで同じような種別の列車がやって来る。それでも、不便を感じるのは否《いな》めないだろう。

「Le Ciel」では、車内にトイレが導入された。従来、京急ではイベント列車を運行することがあるが、「ビール列車」を走らせる際に車内に簡易トイレを設置したことがある。「Le Ciel」もイベント車両として使用することを想定しており、そのためのトイレ設置という狙いもあったのだろう。

2号車の海側にはバリアフリー対応の洋式トイレ、3号車の海側には男性の小用トイレが設けられている。タンク式で、金沢車両区には汚物処理施設も設けられた。都市部の私鉄では珍しいケースだといえるだろう。私鉄ではないが、類似の例として、JR中央線がグリーン車導入などにあたって車内にトイレを新設し、汚物処理施設も設けている。

また、朝夕に運行される座席指定列車では「Le Ciel」を4両増結するかたちで走っており、この車両にトイレがあることで利便性が増している。

現在、長距離を走る速達列車の主編成には、2100形が使用されている。この車両の特性（とくに座席指定の場合）として、長い区間を乗車する人も多いため、2100形の後継車両にもトイレを設置するという選択肢があってもよいのではないだろうか。

通勤型車両も座り心地バツグン！ 京急の座席は柔らかい!!

ここまで京急のさまざまなサービスに触《ふ》れてきた。だが、鉄道のサービスで何よりも大事なのは、ゆったりと座って移動できることである。

たとえば、2100形のような進行方向向きの座席を、ふだんは特別料金なしで利用できるのは大サービスといえよう。関東圏のほかの鉄道会社では、このようなサービスはなかなかない。ロングシートの車両も、ほかの鉄道会社に負けていない。まず、車端部《しゃたん》に向かい合わせのクロスシートを設けている車両が一部ながらある。

そして、座面は関東圏のJRや他の私鉄・地下鉄よりも柔らかく、座りやすさを感じる。柔らかさだけでいえば、他社の有料特急なみの座り心地《ごこち》だと思える。京急と同じぐらいの座り心地のよさを有しているのは、関西私鉄のロングシート車両、とくに阪急電鉄のロングシートではないか。

スピードを誇る京急でも、さすがに長時間立ちっぱなしで乗るのはつらいものがある。しかし、いったん座ってしまえば、ロングシートであっても乗り続けたいと思わせるような座席の柔らかさだ。心地いい座席を提供する――これも立派なサービスだ。

愛されるキャラクター「けいきゅん」の魅力とは

京急のイベントで、かならず登場するキャラクターが「けいきゅん」だ。「けいきゅん」は2011(平成23)年10月21日、羽田空港国際線ターミナル駅(現在の羽田空港第3ターミナル駅)開業1周年を記念して誕生した。

「京急電鉄久里浜工場4番ピット」生まれで、1000形の赤色ボディに、つぶらな瞳が印象的だ。

趣味は京急沿線ぶらりさんぽ、旅行、子どもと遊ぶこと。特技は速く走ること、沿線のグルメを食べること、写真撮影の際にポーズを上手に決めることであり、嬉しいと頭上のパンタグラフが揺れる。グッズも多数あり、京急のさまざまな掲示物にも登場する。

また、京急グループの環境活動で活躍する「ノルエコけいきゅん」もいる。こちらのボディは緑色だ。

京急系列の京浜急行バスには、「けいまるくん」というキャラクターがいる。大きな瞳に帽子が特徴であり、京浜急行バスとして運行を開始した2003(平成15)年由来のナンバープレート「2003」をつけている。

人なつっこく、おだやかな性格であり、たくさんの人が乗ってもスイスイ走れる力持ちである。相棒は「ムッシュ・ベルくん」。降車時に押すボタンを模《も》したもので、優しくて心が温かい性格だ。この両者は仲がよい。

「けいまるくん」は京浜急行バス営業開始15周年を記念して2018（平成30）年にデビューした。横浜・横須賀地区では「けいまるくん」のラッピングバスも運行されている。

京急の「車内アナウンス」がカラオケになっている！

電車の車内アナウンス、ファンのなかには、まねをして楽しんでいる人も多いのではないだろうか。京急の車内アナウンスも独自性が高く、ものまねのしがいがある。

JOYSOUNDでは、「鉄道カラオケ」として運転席からの展望映像とともに表示される運転士の喚呼《かんこ》や車掌のアナウンスのテロップをマイクで読み上げて、本格的な乗務員気分を味わえるコンテンツとして提供している。

その第1弾として登場したのが、京急であった。この試みののち、10社の路線がカラオケになっている。

2016（平成28）年4月に配信された京急のカラオケは、8区間が提供されている。すべて2100形の快特品川行きの音声だ。三崎口を出てから、品川に着くまでの主要部分がカラオケになっている。

配信して1年が経過した2017（平成29）年7月、JOYSOUNDは「京急電鉄カラオケルーム」を2部屋、品川港南口店に設けた。

2部屋はそれぞれコンセプトが違っていた。「リアル運転士・車掌体感ルーム」では正面に液晶画面をはさんで左右の壁《へき》面《めん》に車窓の風景を投影。室内はロングシート。車掌用マイクを使用したステージまであった。「車内体感ルーム」にも車掌用マイクがあり、室内はクロスシート。この部屋は半年程度提供された。

現在もJOYSOUND品川港南口店には、「リアル運転士・車掌体感ルーム」があり、運転台や車掌ステージ、ロングシートなどが備えられている。乗務員になりきれるオリジナルコスプレグッズの貸し出しもある。

JOYSOUNDによると、車掌カラオケの企画は、はじめに京急に声をかけて、快諾《かいだく》されたという。テロップの監修も京急が行ない、妥協《だきょう》しない仕上がりになっている。

沿線にお住まいの人は、ぜひJOYSOUND品川港南口店で、京急の車掌になりきってみてはいかがだろうか。

7

沿線住民から溺愛される!

京急グループの凄い話

京急グループは、どんな鉄道外事業を展開している？

京急グループは鉄道やバスなどといった交通事業のみを行なっているわけではない。不動産事業やレジャー・サービス事業、流通事業、その他の事業も行なう地域密着型の総合企業である。

交通事業は鉄道・バスだけでなく、タクシーも担《にな》っている。タクシー会社だけでも6社があり、それぞれ地域に根ざした事業活動を行なっている。空港アクセスのための定額タクシーや、上大岡《かみおおおか》駅周辺の一括定額運賃サービス、さらには観光タクシーなどのサービスに特徴がある。

不動産事業は、沿線の宅地造成だけではなく、戸《こ》建て住宅やマンションの建設・販売・住み替え・リフォームを実施するなどといった販売業のほかに、京急関連の物件を貸す不動産賃貸業も行なっている。高架下や駅の敷地内の施設を貸し出すことで利益を上げているわけだ。

レジャー・サービス事業は、ホテルのみならず、ヨットハーバーやボートレース場の運営、飲食店の経営も行なう。さらには、鉄道広告の代理店事業、沿線外では静岡県伊豆の国市で温泉旅館を、千葉県市原市ではゴルフ場を経営している。

流通事業は、百貨店・ショッピングセンター事業やストア事業である。上大岡にある京急百貨店や、京急百貨店が運営する商業施設「ウィング」は沿線住民にとってはおなじみの存在だろう。沿線の駅前には京急ストアがあり、鉄道沿線に自社系列の商業施設を設けるというビジネスを、京急でも採用していることがわかる。

ほかにもグループ内には、建築工事を行なう「京急建設」、電気工事・設備工事の「京急電機」、京急グループで分譲したマンションを管理する「京急リブコ」、ビルやショッピング施設管理の「京急サービス」といった会社がある。

さまざまな運行スタイルで鉄道を補完するバス

京急グループは、京浜急行バス、川崎鶴見臨港バス、東洋観光の3社をバス事業の子会社として持っている。

京浜急行バスは、羽田空港と各地を結ぶ空港リムジンバスが大きな事業となっている。成田空港と横浜駅を結ぶ路線などもある。羽田空港からは、東京駅や渋谷駅といった都心の駅とを結ぶ路線、大船駅や鎌倉駅とを結ぶ路線、東京湾アクアラインを経由して千葉県の木更津《きさらづ》ほかを結ぶ路線、遠くは山梨県甲府市・甲斐市とを結ぶ路線を設けている。

高速バスでは、横浜と観光地を結ぶ路線が好評である。東京湾アクアラインを走行し、品川・横浜と房総各地を結ぶ路線は通勤やショッピングにも利用されている。

一般路線バスで特筆すべきは、やはり「小児定額運賃」だろう。横浜や鎌倉、三浦半島一帯に広大なバスネットワークが構築されており、通勤・通学の足だけではなく、観光客も多く利用している。

「みさきまぐろきっぷ」などでは、バスにも乗ることができ、鉄道とのシナジーも高いものになっている。

川崎鶴見臨港バスは、川崎市を中心とした路線バス網があり、木更津方面

京浜急行バスの一般路線車

への高速バスも運行している。2023（令和5）年3月からは、川崎市初となる連接バスを使用したBRT（バス高速輸送システム）の運行を開始した。

また、2019（令和元）年12月から、横浜市鶴見地区で中扉付近の座席4席を撤去し、車内のユニバーサルスペースを広く確保することで定員を5名増やしたバスの運行を開始している。画期的な試みを続けているバス会社だ。

そして、東洋観光は横須賀を中心とした貸切バス事業の会社である。

地域密着のビジネスを広く展開している不動産事業

京急グループで不動産事業を担う会社は、京急不動産を中心に4社ある。京急不動産は土地・戸建て住宅・マンションなどの分譲事業を中心に、仲介事業、賃貸事業、賃貸管理事業を行なっている。

京急グループは、2016（平成28）年に「世界でたったひとつのすまいを実現する」をコンセプトに、住宅ブランド「PRIME（プライム）」を誕生させた。分譲マンションを中心に、分譲一戸建て、リノベーションマンション、賃貸マンション、シェアハウスなどを提供している。

地域や時代、土地に合わせたオンリーワンの価値を提供するブランドとして、沿線を中心に事業を展開しており、「自由」「心地よさ」「安心」の3つの視点で住まいや暮らしをつくることを意識しているという。

また京急沿線には、「京急すまいるステーション」という地域密着の不動産仲介を中心とした店舗を展開している。不動産売買や賃貸の情報が集まっており、売買や仲介だけではなく、リフォームや高齢者ホームの紹介、不用品処分・害虫駆除・相続の相談も受けている。

さらには京急グループらしく、京浜急行バスの定期券販売も取り扱っている。京急沿線に住む、あるいは住もうとする人にとって、ワンストップで何かをお願いできる便利なお店だ。

リノベーションコーディネートやシェアハウス事業を中心とした「Rバンク」は、目黒区に本社を置き、新しい不動産事業に挑戦している。また「京急アセットマネジメント」は、不動産ファンド事業を中心に不動産投資事業に力を入れている。

現在の鉄道会社にとって、不動産事業は稼ぎ頭《がしら》である。沿線住民にとっても、京急沿線に住み続けたいという人には、これら不動産事業の会社は良い相談相手になることだろう。とくに「京急すまいるステーション」のサービスの細《こま》やかさは、ほかではなかなか見られない。

ホテル事業でも、京急ファン向けサービスを実施!

鉄道系のホテルでは、鉄道ファン向けの部屋を提供することがある。京急でも2021(令和3)年7月から8月にかけて、系列ホテルで「京急ルーム」を提供していた。

「京急ルーム」があったのは、京急EXイン「京急川崎駅前」と「横浜駅東口」。京急ミュージアムの協力のもと、小学校中学年以下の子ども連れファミリー向けに、京急電鉄の世界を楽しめる部屋をつくった。

まず、入り口のドアには、オリジナルの行先表示看板が設置された。客室に入ると車内のシートや歴代の京急車両の写真、鉄道部品で部屋が装飾されており、電車のおもちゃもある。

部屋からはもちろん、京急の走る線路を見ることができる。子どもには子ども用制服を貸し出し、運転士や車掌になりきっての写真撮影もできた。

また、2022(令和4)年7月から2023(令和5)年3月にかけては、㈱京急EXイン創立15周年を記念し「羽田イノベーションシティ」と「京急蒲田駅前」の2館で「けいきゅんルーム」を設けた。

この部屋には、京急電鉄のキャラクター「けいきゅん」を使用したオリジナルデザインの壁面《へきめん》装飾やフットスロー、ロールカーテンが設置された。電車のおもちゃももちろん用意された。

こちらでも、子どもには子ども用制服を貸し出し、写真撮影を楽しむことができた。駅看板風ネームプレートなど、宿泊者限定のノベルティプレゼントもあった。

また同時期には、京急EXイン「横浜駅東口」に「京急電車コンセプトルーム」が設けられた。室内には京急車両の貴重な写真、実際に使用していた駅看板やヘッドマークが飾られた。こちらも、子ども用制服の貸し出しやノベルティプレゼントが行なわれている。

京急が経営するホテルでは、このような楽しい企画も提供しているのだ。

百貨店から駅ナカまで網羅！ 流通事業の特徴は？

関東・関西とも、私鉄があるところに百貨店やスーパーマーケットがあり、それは鉄道会社のグループ企業でもある（ただし、西武鉄道と西武百貨店・西友を除く）。

京急には「京急百貨店」がある。上大岡駅に直結し、本館だけでなく、「ウィング上大岡」や「京急百貨店スポーツ館」といった施設もある。ユニクロやヨドバシカメラといった大型テナントも入っているが、食品売り場や婦人雑貨品など独自の売り場も充実している。

　百貨店に次ぐショッピングスポットとして、京急は「ウィング」を高輪《たかなわ》、上大岡、久里浜、そして沿線ではないが新橋で運営している。品川駅近くの「ウィング高輪」は、現在は正面を改修中だ。

　そして、スーパーマーケットは「京急ストア」がある。その豊かな品ぞろえは、沿線で暮らす人々の生活をよりよいものにしている。東京都心から三浦半島まで32店舗が営業中だ。

　京急グループのスーパーマーケットには、「もとまちユニオン」もある。も

京急百貨店やウィングが立ち並ぶ上大岡駅前

ともとは外国人向けスーパーだった「もとまちユニオン」は、おもに高級食材をそろえており、11店舗がある。また、フランチャイジーとして「マツモトキヨシ」を10店舗、「業務スーパー」を5店舗展開している。

駅ナカでは、人気のスイーツショップが入れ替わりで登場する「Sweets Calendar」7店舗も京急が運営している。

このように、沿線での豊かな暮らしを提供するという私鉄グループの使命を、京急グループも果たしているのだ。

三浦半島の観光活性化を目指す京急の新たな一手とは?

三浦半島は、太平洋戦争の時期に軍事拠点だったということもあり、観光開発が遅れた地域であった。戦争が終わり、高度成長時代に路線網を三崎口へと延伸していくなかで、京急グループは観光開発に力を入れるようになっていった。

三浦半島は東京から近い地でありながら、自然環境が豊かで観光の好適地が多い。まぐろなどの魚介類も豊富に水揚げされる地域だ。しかし、かつては鉄道でのアクセス方法がなく、道路網の整備も進んでいなかったため、なかなか観光客が訪れることができなかった。鉄道網や道路網、そしてバス路線網が充実することで東京に近い観光地として脚光《きやっこう》を浴びることになったわけだ。

京急は鉄道網を久里浜から三浦海岸まで延伸するなかで、観光開発を開始した。海水浴場は多くの人を集め、宿泊施設も充実したが、時代を追うごとに日帰り観光が中心となり、ホテルなどは減っていった。京急も1959（昭和34）年に開館した「ホテル京急油壺《あぶらつぼ》観潮荘」を2024（令和6）3月に閉館している。

京急は現在、三浦半島をふたたび観光地として活性化させようとしている。2024年から「newcalプロジェクト」というエリアマネジメント構想を開始し、沿線の地域開発を進めているのだ。京急のサービスだけではなく、沿線の事業者のサービスをシームレスに利用できることを目指している。

そのなかでも、とくに三浦半島を「都市近郊リゾートみうら」と位置づけ、滞在拠点整備などを展開している。経営計画内では「この地域の眺望《ちょうぼう》・食と文化・自然環境を活かしたアクティビティを通じた、目的型滞在が可能になるコンテンツを発掘する」ことと記している。

現在、京急では葉山や油壺のマリーナのほかに、三崎に「魚市場食堂」を経営している。城ヶ島《じょうがしま》では高級旅館の建設を進めており、油壺の再開発計画もある。

東京に近い観光地として、沿線の観光資源を地元の事業者と協力しながら活かしていくのが、京急の観光開発である。

京急の鉄道広告は、どんな層をターゲットにしている？

京急電鉄の子会社に、京急アドエンタープライズという広告会社がある。新聞や雑誌、ニュースサイトが「メディアガイド」と題して、どんな人がその媒体《ばいたい》を読んでいるかを示すように、鉄道会社系列の広告会社も、どんな人が沿線に住んでいるか、鉄道を利用しているかを示し、広告を出してもらう人にアプローチしている。

たとえば、新聞のメディアガイドだと「高学歴・高所得」の人が読んでいることをあからさまに記しているものがあった。鉄道会社のメディアガイドにも、高所得層の人が利用していることを示すものがある。では、京急のメディアガイドは、どんな層が鉄道広告のターゲットになるとしているのだろうか。

京急電鉄の沿線人口は約４０２・８万人、沿線総世帯数は１９４・２万世帯、沿線事業所数は約19・３万事業所、沿線従業員数は約３０５・０万人と記している。

京急の利用者は男性比率が他路線に比べて若干多く、年代別では30代以上がやや多い。職業は会社員が中心で、家族構成は既婚・子どもありが多いとなっている。

世帯年収は５００万円以上が71パーセント、７００万円以上で51パーセントである。1か月あたりの自由になるお金・小遣いなどは3万円以上が39パーセント、5万円以上が14パーセントである。利用する商業エリアは、沿線の横浜・品川・川崎エリアを中心としている。

京急の路線イメージは、「庶民的な」がもっとも多く、「便利な」「親しみがある」「都心に出やすい」「活気がある」とポジティブなものが続く。電車内ではメッセンジャーアプリを利用する人が多く、それとほぼ同じくらい車内広告を見る人がおり、次いで車内に設置された液晶モニターを見る人が多い。鉄道利用頻度《ひんど》は週5日以上が61パーセントと、高頻度である。

このように、京急の利用者は企業や役所に勤めている人が多く、子どものいる家族が中心となっている。京急沿線は企業などの職場よりも住宅が多く、鉄道を通勤手段として利用する人が多い。生活状況が比較的良いファミリー層をターゲットにしているのが、京急の鉄道広告である。

グループ本社ビルも「京急らしさ」が満載！

2019（令和元）年9月、京急グループは横浜・みなとみらいに本社ビルを竣《しゅん》工《こう》した。

それまでは品川に本社を置いていたが、グループ内の業務上の効率を向上させるための移転となった。2016（平成28）年3月に京急グループの新本社ビルを建設すると発表、翌2017（平成29）年7月に着工した。

竣工日には記念式典と社屋内覧会が行なわれ、筆者も「マイナビニュース」の取材で内覧会を訪れた。

本社ビルは上昇感のある垂直的なデザインで、未来への躍動《やくどう》を表現。免震構造を採用した柱のないオフィスだ。屋上の緑化や雨水の利用、照明や空調の効率化も図られている。

原田一之社長（当時）は、品川や川崎、羽田空港に本社を置く案があったこと、そして横浜に本社を置いた理由として「横浜駅の乗降客の多さ」に触《ふ》れ、駅の価値の高さを説明。そして、京浜電気鉄道と湘南電気鉄道が結節《けっせつ》した地である横浜に本社を置くことの意義の深さを語っていた。

2階のエントランスは、隈研吾《くまけんご》建築都市設計事務所による。天井は木、壁は土で、温かみのある空間を目指したという。木のパネルの幅は京急の軌間と同じ1435ミリメートルだ。土壁はパブリックアート「さざなみ」で、光の状態によって見え方が変わる。

オフィスフロアは、開放感がある広いスペースである。京急電鉄のオフィスがあるフロアは内部階段（階段の色は「赤」）で移動できる。フロア内には、来客やグループ内の他企業で働く人とミーティングできるスペース「インタラクティブエリア」が設けられている。

17階のコミュニケーションエリアは、京急グループ全社員が利用可能となっている。会合用の和室「憩休庵《けいきゅうあん》」、交通安全を祈願する「京浜観音」も設けられている。

このビルは「京急グループ本社」と名づけられ、竣工したその月から順次グループ企業が移転を行ない、同年10月末頃に完了した。

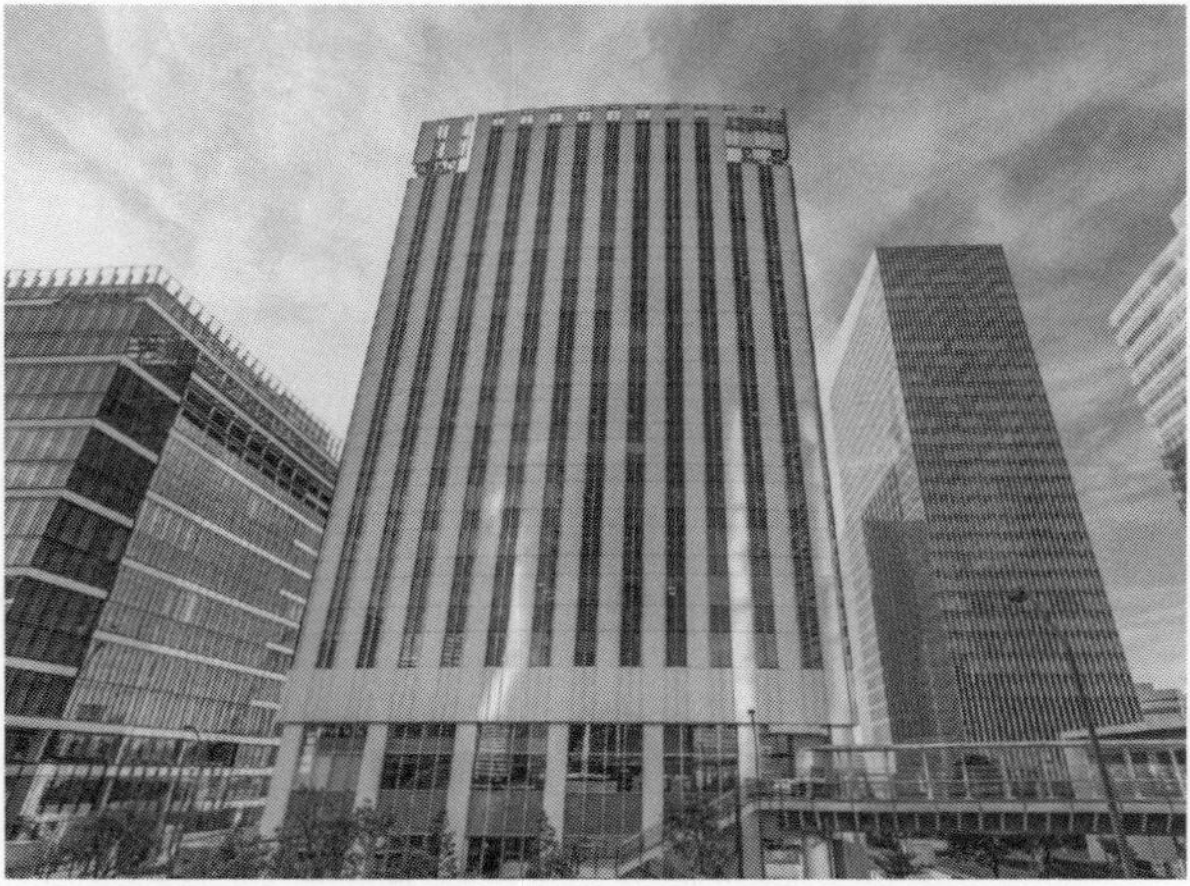

新本社ビルは地上18階（地下1階）で高さは85.55メートル

本社にはグループ企業11社、約1200人が働いており、働く人のための認可保育所も併設している。

親子で楽しめる「京急ミュージアム」の見どころは?

京急グループ本社の1階には、「京急ミュージアム」という施設がある。このミュージアムは京急創立120周年を記念して、2020(令和2)年1月にオープンした。「『本物』を見て、触れて、楽しむ」ことをコンセプトとしている。入館料は無料だ。

展示物はどれも貴重なものばかりだが、なかでも注目は昭和初期から活躍した「デハ236号」だ。品川から横浜、浦賀間の直通運転を実現した歴史的車両で、川口市立科学館で保存されていた車両を2年かけて修復した。台車や床下機器はもちろん、京急の軌間もよくわかるように展示されている。

ホームもこの車両が引退した1970年代を再現しており、ゴミ箱の中にある新聞まで当時のものを複製したというこだわりぶりだ。

ミュージアムの中央には京急沿線を再現したHOゲージが走り、800形の電車運転台で模型の操作体験もできる。模型には先頭車両に小型カメラが搭載されており、画面越しに運転士気分も味わえる仕掛けだ。

運転シミュレーターは本物の1000形電車運転台を使用し、実写映像が映し出される。京急オリジナルデザイン車両の工作体験ができるコーナーでは、スタッフから京急の車両についての講義を受け、オリジナルの「プラレール」を制作する。鉄道のみならず、京急バス関連の展示もある。

ちなみに、模型運転やシミュレーター、工作体験は有料で、ウェブでの事前予約が必要だ。オープン当時は大人気となり、入館するにも予約が必要だった。京急電鉄を体感できる、面白いミュージアムである。

ミュージアム内に展示されているデハ230形デハ236号

保育所から葬儀場まで…すべての世代に向けた事業を展開！

京急グループでは、沿線住民のライフステージにあわせたサービスも広く提供している。

まずは、小学校入学前の子どものために、認可保育所「京急キッズランド保育園」を港町《みなとちょう》・京急川崎・新高島（グループ本社）・黄金町《こがねちょう》・井土ヶ谷・上大岡・上永谷（横浜市営地下鉄）・金沢文庫に8園展開している。

事業を行なっているのは「京急サービス」という京急電鉄の子会社。高架下や駅近くのマンションなど、駅へのアクセスに便利な立地に保育所を設けている。少人数制の保育園で、きめ細やかな保育を提供している。高いセキュリティも確保されており、安心して子どもを預けることができる。

いっぽう、京急グループは人生の終わりを迎える葬儀場も運営している。「京急メモリアル」が運営する斎場は金沢文庫、上永谷、久里浜にある。いずれも駅から近い立地で、参列者にとって便利な斎場だ。1級葬祭ディレクターや葬儀事前相談員資格を保有したスタッフが葬儀をサポートする。

また、事前に登録できる「京急メモリー会」という組織があり、前もって登録するだけで斎場使用料が無料、基本祭壇セット料金のうち祭壇費が15パーセント引きという特典がある。入会金は2000円、年会費無料、更新料も無料だ。海洋散骨にも対応しており、故人の遺志を尊重できる体制もつくっている。

子育て世代(とその子ども)に対しても、高齢者(とその家族)に対しても、京急グループがしっかりと対応するという仕組みができている。京急の事業領域はさまざまなところに及んでいるのだ。

京急グループはどれだけの人が働き、どう稼いでいる?

京急グループは、8567人(以下、データは2024年3月期有価証券報告書による)が働いている大企業グループだ。交通事業を中心にさまざまな事業を行なっていることは、ここまで紹介してきたとおりだ。

交通事業で働く人はグループ全体の約3分の2にあたる5417人、京急電鉄だけでも2682人となっている。交通事業の従業員数は、全体の63・2パーセントにのぼる。

「最近の鉄道会社は不動産で稼いでいる」とよくいわれるが、不動産事業の従業員は357人、全体の4・2パーセントでしかない。ホテルなどのレジャー・サービ

京急グループのセグメント分析❶

グループ連結	従業員数(人)	営業収益(百万円)	営業利益(百万円)
交通事業	5,417	110,225	10,841
不動産事業	357	60,651	9,660
レジャー・サービス事業	612	29,922	4,568
流通事業	771	72,450	2,086
その他	1,430	46,162	1,530
合計	8,587	280,624	28,040

グループ連結従業員数

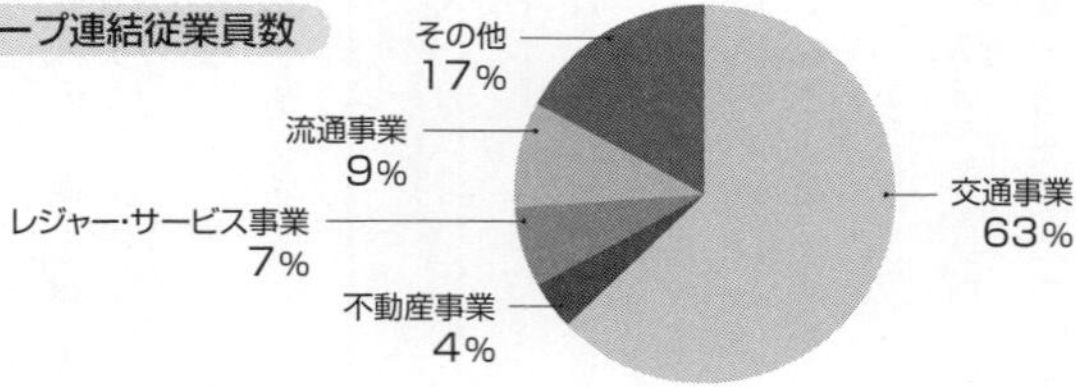

グループ連結営業収益

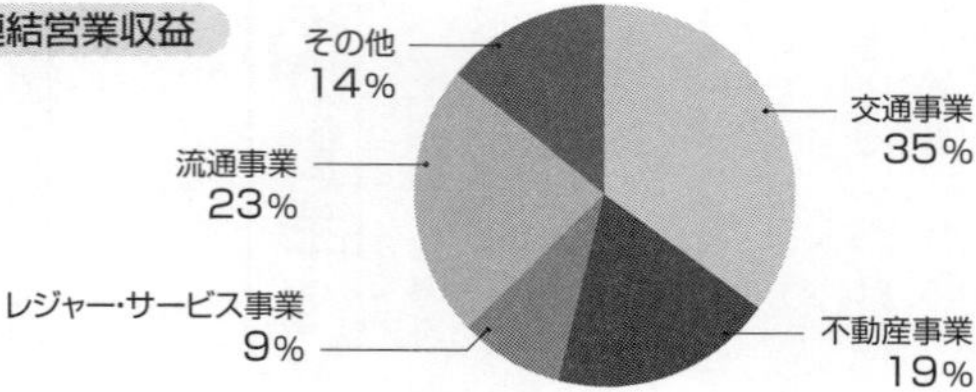

グループ連結営業利益

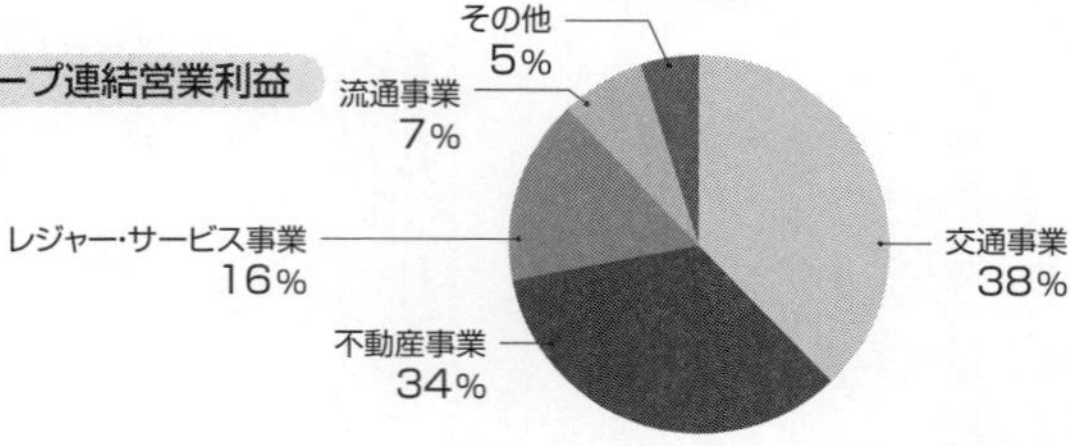

出典:2024年3月期有価証券報告書

ス事業は６１２人で全体の７・１パーセント、スーパーマーケットなどの流通事業は７７１人で、全体の９・０パーセントとなっている。

いっぽうで、稼ぎ方はどうか、といえば、連結営業収益のなかで交通事業は１１０２億２５００万円、全体の34・５パーセントとなっている。不動産事業は、６０６億５１００万円、全体の19・０パーセントだ。

交通事業の詳細な収益構造を見ると、鉄道事業の営業収益は７７１億８０００万円で交通事業全体の70・０パーセントであり、バス事業は２９３億５６００万円で26・６パーセント、タクシー事業は36億８９００万円、３・３パーセントである。

連結営業利益は交通事業が１０８億４１００万円、全体の37・８パーセントと大きな割合を占《し》めているが、不動産事業も96億６０００万円、全体の33・７パーセントとその存在感の大きさを示している。不動産事業は働いている人数の割に、それなりに稼ぎ、かなり利益を出していることになる。

利益面で見ると、レジャー・サービス事業の存在感も目立つ。連結営業収益のなかでは２９９億２２００万円、全体の９・４パーセントであるにもかかわらず、連結営業利益では45億６８００万円、全体の15・９パーセントを稼いでいる。

交通事業で働く人が多い京急グループ。しかし、少人数の不動産ビジネスを担う

京急グループのセグメント分析❷

京急電鉄	従業員数(人)
交通事業	2,682
不動産事業	193
レジャー・サービス事業	31
合計	2,906

交通事業の営業収益	営業収益(百万円)
鉄道事業	77,180
バス事業	29,356
タクシー事業	3,689
合計	110,225

京急電鉄従業員数

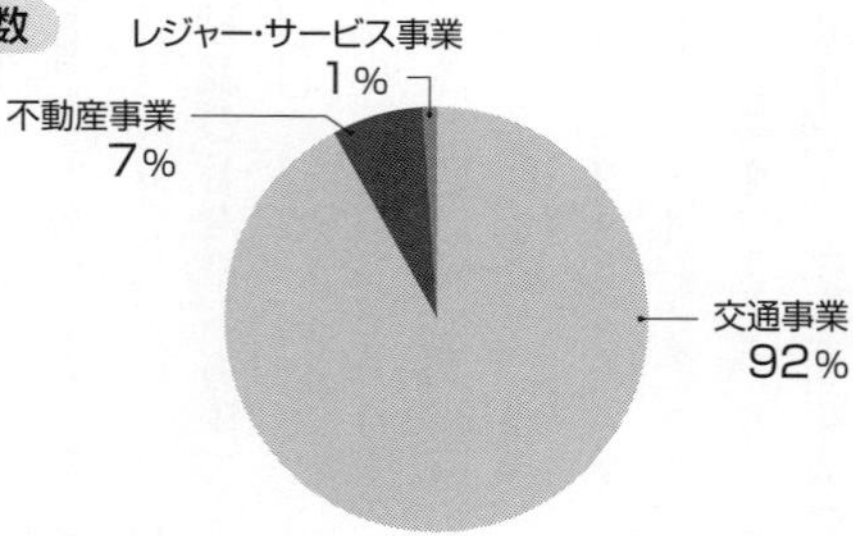

交通事業の営業収益

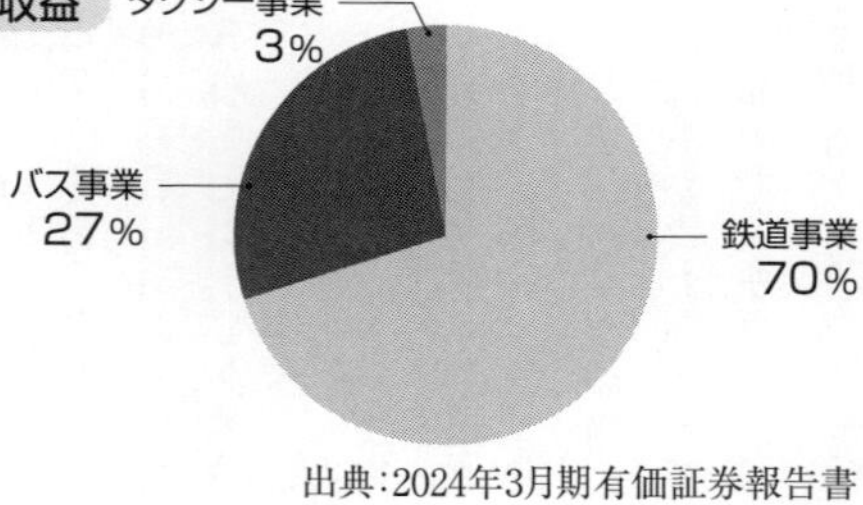

出典:2024年3月期有価証券報告書

人たちが、儲けを生み出しているといったところだろうか。

京急は「赤」だけでなく、「青」にもこだわる

企業にも鉄道車両にも、色がある。たとえばJR東海は、会社のロゴマークの色と在来線車両の色にオレンジを使用している。JR東日本は、コーポレートカラーは緑、在来線の通勤電車は路線によって色を分けている。

京急電鉄は、車両は「赤」、会社のロゴマークは「青」である。京急の車体に赤が採用されたのは、創業期に企業の模範とした米国ロサンゼルスのパシフィックエレクトリックの影響といわれている。パシフィックエレクトリックは当時の米国で流行していた郊外型電車（インターアーバン）の会社で現存していない。

戦前の鉄道の車体色は茶色など地味な色が多く、京急の赤い電車は企業の存在感を高めるのに役立っていたといえる。また赤色は、路面電車発祥の鉄道ゆえか、視認性を高めることで事故の発生を防ぐ効果もあったと考えられる。

ただ、赤の塗料は下地が透けやすく、耐候性にも劣《おと》り、そして高価だった。また、京浜電気鉄道と湘南電気鉄道の車体色の赤は色合いが異なり、湘南電気鉄道の赤は少しくすんだ赤だった。それでも、さまざまな車両があるなかで、基本的には「赤」

に統一し続けたことで、京急の電車のイメージの確立にひと役買ったといえる。

いっぽう、京急の企業ロゴマークは「青」である。ホームページも、「青」を基調としたデザインだ。駅名標にも青色が盛りこまれている。

現在のロゴマークは、1983（昭和58）年頃から使用されるようになったものだ。それ以前、1981（昭和56）年3月に本社を泉岳寺ビルに移転統合した際には、赤色の「京浜急行」のロゴがビルに掲《かか》げられていた。

当初は青地に白抜きの文字だったが、現在の白地に青文字となったのは、2008（平成20）年2月に創業110年を迎えたときだ。京急は以後、この「青」をイメージカラーとして定着させている。

なお、1984（昭和59）年6月には新社是《しゃぜ》が制定された。その後、1988（昭和63）年にはコーポレートスローガン「めざす未来へ―ふれあい京急」が発表され、現在の企業体制に至っている。

なぜ、京急は「愛される鉄道会社」になれたのか？

京急は、鉄道ファンと沿線住民に愛されている。「京急は凄い！」という声がさまざまなところから聞こえてくる。ほかの私鉄沿線と比較しても、その「愛線心」は強い。

「愛線心」の強さには、2種類ある。1つはその鉄道沿線の生活環境がよく、地域に愛情を持ち、それゆえに鉄道会社に愛情を抱くようになるというものだ。たとえば、東急電鉄沿線や京王電鉄沿線の人が抱く「愛線心」には、その傾向がある。JR東日本の中央線沿線もそうだろう。

もう1つは、鉄道そのものに魅力があり、沿線住民が「愛線心」を抱くというものである。このもっとも典型的な例が京急だ。車両はかっこよく、サービスもいい。鉄道の魅力が沿線住民の心を惹《ひ》きつけている。関西では、似たような愛線心は阪急電鉄の沿線に見られる。

もちろん、京急グループのサービスが京急沿線の生活環境をよりよいものにしていることは筆者も重々承知している。生活関連サービス事業にも力を入れており、非常に住みやすい沿線だ。

それに加え、ほかの関東圏私鉄よりも魅力的な車両が、魅力的な走りを見せる。小田急電鉄や西武鉄道、東武鉄道、京成電鉄のように有料特急こそないものの、車両は洗練されており、走りもスピード感にあふれ、しかも機敏《きびん》でもある。座席の座り心地も格別だ。日常で出合える車両でありながら、高い質感でプレミアムなものを感じる。とくにオールクロスシートの２１００形を見ると、他社の沿線住民からすれば、「うらやましい……」という感想しか抱けないのである。

乗客のことを考えたダイヤや、ダイヤが乱れた際の対応のすばやさなども、ほかの鉄道ではなかなか見られない。

それゆえに、鉄道ファンは京急電鉄を愛し、京急沿線住民は京急沿線に暮らすことに満足感を覚え、「愛線心」をより高める。京急は愛されるべくして愛される鉄道である。

＊本書の情報は２０２５年２月現在のものです

◉左記の文献・書籍・ウェブサイト等を参考にさせていただきました――

『なぜ京急は愛されるのか』佐藤良介、『トラベルMOOK 京急電鉄の世界』『鉄道ダイヤ情報』2024年1月号「特集 京急電鉄」（以上、交通新聞社）／『鉄道まるわかり001 京急電鉄のすべて改訂版』「旅と鉄道」編集部編（天夢人）／『京急とファン大研究読本』久野知美著、南田裕介監修（カンゼン）／『京急電車の運転と車両探見』佐藤良介、『京急電鉄 明治・大正・昭和の歴史と沿線』宮田憲誠（以上、JTBパブリッシング）／『京急沿線の近現代史』小堀聡（CPCリブレ）／『地図で読み解く京急沿線』岡田直監修（三才ブックス）／『京急全線古地図さんぽ』坂上正一（フォト・パブリッシング）／『私鉄車両 DETAIL GUIDE 京急1000形通勤型電車』『京浜急行電鉄 名車の軌跡』（以上、イカロス出版）／『鉄道史人物事典』（日本経済評論社）／『京浜急行スゴすぎ謎学』小佐野カゲトシ（河出書房新社）／『鉄道ピクトリアル』2017年8月臨時増刊号「【特集】京浜急行電鉄」、『鉄道ピクトリアルアーカイブスセレクション41 京浜急行電鉄1950～60』（以上、鉄道図書刊行会）／日本経済新聞電子版／朝日新聞デジタル／カナロコ／マイナビニュース／東洋経済オンライン／ITmediaビジネスオンライン／乗りものニュース／京急電鉄ホームページ／京急電鉄プレスリリース／京急アドエンタープライズホームページ／三菱電機ホームページ／YCS-info／大田区ホームページ「新空港線（蒲蒲線）メインページ」／交通政策審議会「東京圏における今後の都市鉄道のあり方について」

KAWADE
夢文庫

京急
最新の凄い話

二〇二五年三月三〇日　初版発行

著　者……小林拓矢
企画・編集……夢の設計社
〒162-0041 東京都新宿区早稲田鶴巻町五四三
☎〇三―三二六七―七八五一（編集）
発行者……小野寺優
発行所……河出書房新社
〒162-8544 東京都新宿区東五軒町二―一三
☎〇三―三四〇四―一二〇一（営業）
https://www.kawade.co.jp/
装　幀……こやまたかこ
印刷・製本……中央精版印刷株式会社
DTP……アルファヴィル
Printed in Japan ISBN978-4-309-48608-6